平常茶 非常道

林清玄 著

河北出版传媒集团
河北教育出版社

目录

第一章　茶能生善

即使是一片茶叶的香气，也要在天地间寻找知味的人呀！

王孙草与野人家

唐朝时期，有两位孤儿，我最佩服：一位是玄奘法师，一位是茶圣陆羽。

玄奘法师到西方取经，这实在是千古的盛事。唐时西域的路是多么难行，他走过了当时的一百三十八个国家，携回佛教经论六百五十七部。他的坚强、勇毅、智慧、胸襟，一想到就会令人脊椎骨挺直，有一种巨视来俯瞰中国的文明与气派的感觉。

陆羽则是写《茶经》的雅士。他自幼在寺院与茶结缘，然后自己采茶、制茶、煮茶，从茶叶中发现新天地。他既不做官，也不营谋生活的作务，一生都在茶与诗中度过。他著作的《茶经》，完整地给了中国茶艺一个深刻的美感结构。喝茶的时候，想到陆羽从小小的茶叶中思维到生活的内涵，就使我们有一种微观，在细小的玄思里获得不凡的美感享受。

玄奘与陆羽都是孤儿。

孤儿乃是人生最坏的出发点。但是，我常常想，这最坏也许就是最好。玄奘自幼剃度出家，没有任何挂碍；长大以后飘然西行，生死不计，没有任何畏惧。这种毫无背负与留恋的坚毅性格，在贵族与富豪的子女中恐怕很难养成。对于一个孤儿，父母都已经是身外之物了，财富名位又何足道哉！

陆羽从小被弃于江边，容貌丑陋，又有口吃，或许就是因为这样，他才会对生命的美感有强烈的感受。没有人传授，就能泡出最好喝的茶。放牛的时候用竹片在牛背上写诗，与朋友能真诚相交，这都是强烈的美感追求。在任何最平凡的事物中体验美感，恐怕也是豪贵子弟不能理解的吧！

生于贫贱，或生为孤儿，是人生的最底层。这个底层对凡夫俗子是甚可哀痛的，但对于志远才高的人，或美感强烈的孩子而言，这却是最好的出发点。

在庄子的《知北游》里，东郭子问庄子："道在哪里？"

庄子说："道是无所不在的。"

"请你明指个所在！"

"道就在蝼蚁身上。"

"怎么会这样卑下呢？"

"道就在稗子里面。"

"怎么越来越卑下了呢？"

"道就在砖瓦里面。"

"怎么更卑下了呢？"

"道就在屎溺里面。"

东郭子不说话了。

庄子下结论说："你问的话，离开大道太远了，以大道来观看万物，万物没有贵贱。蝼蚁、稗子、砖瓦、屎溺都是一样的。它们如果不合乎道，就根本不能存在，所以我说道是无所不在的。"

是呀！如果不是从最底层出发的人，他可能连蝼蚁、稗子、砖瓦、屎溺的样子都看不清楚，自然就看不清大道的所在。豪贵的人容易轻贱平凡的事物，也容易嫌恶低俗的事物，对生命之美就有了坏的出发点（谁的生命没有砖瓦和屎溺呢？）；卑贱的人则知道牛粪、稗子的味道是多么亲切，砖瓦、蝼蚁多么美而有生命力，对美也就有了一个好的出发点。

每次想到陆羽是一个弃婴，自幼生活在佛寺，曾经放牛，甚至在戏班里演过丑角，就觉得是茶的幸运，是中国生活艺术的幸运，是茶的美感经验的幸运。想一想，陆羽如果是高官的儿子，他便不会亲自去汲泉水；陆羽如果是富人的儿子，他便不会到荒山去采茶，那么中国将没有《茶经》。如此想来，都会吓出一身冷汗。

为了深入体验茶的美感，陆羽把中国茶叶的产地分成五大区，即山南、淮南、浙西、浙东和剑南。他对同一地区不同地点的茶，都品评其质地，并写下了深刻的评语，这对饮茶的历史是划时代的创举。

为了知道茶味，陆羽完全地了解了粗茶、散茶、末茶和饼茶的制作方法。他曾亲手采茶、造茶，光是茶饼就要经过采、蒸、捣、拍、焙、穿和封七道工序，对茶研究的深入可想而知。

为了对茶的境界有更多的体会，陆羽也研究了水。他把水分成山水、江水和井水三个类型，把天下的水分为二十个等级。他品评过的水，西到商州（今陕西省商洛市），南到柳州（今属广西壮族自治区），北到唐州的淮水发源地（豫西桐柏山区），遍及长江中下游。甚至，他也品味了瀑布和雪水。

最后，陆羽对水质做出精辟的见解：“夫茶烹于所产处，无不佳也，盖水土之宜。离其处，水功其半，然善烹洁器，全其功也。”

这段话的意思是说，能出产好茶的地方，那里的水都是很棒的，因为得到水土之宜。再好的水运到远处，品质也只剩一半，要靠泡茶技术和好的器具来补救了。

这位孤儿出身的陆羽，不只使饮茶从生活提升了美感，也使得一向为少数人专属的品茶艺术，成为普及的、人人都能体会的平民艺术。

在史传上，陆羽是“聪俊多能”，是“学赡辞逸，诙谐纵辩”，是“有文学，多意思”，是“耻一物不尽其妙，茶术尤著”。

他是一个性情中人，时常“独行野中，诵诗击木，徘徊不得意，或恸哭而归”。他对朋友热诚，凡结识他的都乐意亲近他。他因为自小被弃在竟陵城下的河边，“于江湖称竟陵子，于南越称桑苎翁”。

他是一个视富贵如浮云的人。许多从人生底层出发的人，容易对名利产生执着；但是陆羽有官也不愿去做，一生游历天下，品遍天下的水，饮遍天下的茶，时常走入深山，去采茶、制茶。

他怀念感恩养育他的竟陵禅师智积，在唐代李肇的《唐国史补》中说：“羽少事竟陵禅师智积，异日，在他处闻禅师去世，哭之甚哀，乃作诗寄情。”他写的诗是：

不羡白玉盏，不羡黄金罍[1]。
亦不羡朝入省，亦不羡暮入台。
千羡万羡西江水，曾向竟陵城下来。

他不羡慕荣华富贵，只羡慕那西江的水，能流在竟陵城下，永远陪伴着师父。

陆羽是一个了不起的孤儿，他虽“以茶为经”，却以小见大；不像那些研究六经的人，以大见小。作为人的品质，对美感追求的贡献，他比许多穷究六经的学者犹有过之。

作为野人家的子弟，陆羽却研究了被称为“王孙草”的茶，“分其源，制其具，教其造，设其器，命其煮”。今天我们对喝茶有一些体验，实在应该感念他。皇甫冉写的《送陆鸿渐栖霞寺采茶》一诗：

采茶非采菉，远远上层崖。
布叶春风暖，盈筐白日斜。
旧知山寺路，时宿野人家。
借问王孙草，何时泛碗花。

① 罍：中国古代器具，青铜制或陶制，可盛酒和水。形状有圆形或方形，小口、深腹、圈足、有盖，腹下有一鼻。

皇甫冉的诗为陆羽在深山采茶留下了身影。他的弟弟皇甫曾则有一首《送陆鸿渐山人采茶回》的诗：

千峰待逋客，香茗复丛生。
采摘知深处，烟霞羡独行。
幽期山寺远，野饭石泉清。
寂寂燃灯夜，相思一磬声。

陆羽是一位每次上山采茶，都不仅令人“怀念”，甚至令人“相思”的人，不只是他煎的茶，也是他的人格特质。对于从人生底层出发的老百姓，陆羽是很好的启发。

有时喝茶之际，想到陆羽，就像听到遥远的时代传来的磬声，香茗还在千峰，烟霞横于无边的天际！

第一位女茶师

在西安的时候，我很想去两个地方：一个是大雁塔，另一个是法门寺。

大雁塔在大慈恩寺内，是玄奘法师译经的地方。传说，玄奘因担忧经文梵箧遇到火难而散逸，乃请唐高宗皇帝采西域之制，建大雁塔，安置梵箧。

大雁塔的来源还有两个传说，都非常动人。

一是在一位菩萨舍身的纪念日，大慈恩寺的法师聚集在一起诵经。这时，一群大雁呈“人”字形飞过天空，有一位僧人起了一念：“我们生活艰苦，一直不能饱腹，菩萨也应该知道吧！尤其今天是他舍身的日子。”

他的念头才闪过，空中雁群里有一只大雁突然笔直坠落，当场触地而死。为了纪念这只舍身供僧的大雁，在它触地的地方盖了一座雁形的宝塔。

二是曾有猎人在大慈恩寺外射雁，一只大雁被射中了，它的伴侣悲啼数声，飞上高空，然后急速地撞地而亡。为了纪念这对大雁彼此间情深义重，大慈恩寺的僧人遂盖大雁塔以为见证。

不管是哪一个传说，都令人十分动容。

法门寺则是收藏佛骨舍利的地方。唐朝皇帝经常迎佛骨舍利入宫供养，这使得韩愈很看不过去，写了《谏迎佛骨表》给唐宪宗皇帝。

我想去法门寺，不只是为了瞻礼佛骨，而是多年前因法门寺的宝塔崩塌，发现了地宫，这地宫里保留了非常重要的茶文化，还是首次被发现。

可惜行程安排得太紧，使我没有时间去大雁塔和法门寺。幸好，在书店里找了许多书籍资料，对法门寺发现的茶文化有了更新的认识。

在陆羽的《茶经》里，虽然对茶做过非常完整的记述，但陆羽到底是一个平民，对于唐朝宫廷的饮茶方式是无法记载的。

此外，陆羽对茶具虽有细致的描写，可惜因年代久远，找不到当时的茶具，无法呈现出茶道在唐朝的原貌。

1988 年在法门寺发现的茶具，制成于唐咸通九至十二年（868—871），为唐僖宗皇帝御用的真品，保留得非常完整。这套唐朝宫廷用的茶具，是迄今世界上发现最早、最完善、最精致的茶具文物。

法门寺地宫的茶具包括：

一、烘焙器：金银丝结条笼子、鎏金飞鸿球路纹笼子。

这两件都是烘烤团茶所用的，通体剔透，工艺精巧。可见早在唐代，金丝编织工艺已达到极高的水准。

二、碾罗器：鎏金鸿雁流云纹银茶碾子、鎏金飞天仙鹤纹银茶罗子。

因唐代用团茶，煮茶之前，要将团茶烘烤，用茶碾子碾碎，再用茶罗子筛茶。当时的人品茶，多是自碾自罗，是品茶者酝酿品茶情趣的重要过程。

陆羽在《茶经》中主张碾罗器要用竹木制成，法门寺出土的茶具显然豪华得多，也可见帝王饮茶的享受比一般人讲究得多。

三、贮茶器、贮盆、椒器：镏金银龟盒、镏金人物画坛子、镏金蕾纽摩羯纹三足架银盐台。

唐人吃茶，以茶粉末放入盛具中烹煮，加入椒、盐等作料，调成糊状，一起吃下。

四、烹煮器：镏金飞鸿纹银匙、镏金飞鸿纹银茶则。

银茶则是投茶时的匕状量具，形如勺。银匙则在煮茶时用来击沸汤面，使茶末融于汤中。

五、饮茶器：镏金伎乐纹银调达子、素面淡黄色琉璃茶盏、茶托，五瓣葵口圈足秘色瓷碗。

可见以琉璃制成的茶具，早在唐代就已启用；色茶碗更可看出茶具在唐朝已经在造型、釉彩、纹色等方面达到最高境界了！

法门寺地宫得以保存如此完整的茶具，是非常偶然的。原来，晚唐的皇帝经常到法门寺拜祭佛骨舍利，祈愿“圣寿万春，圣枝万叶，八荒来服，四海无波”。文思院特地为唐僖宗打造的这套茶具，不知是唐僖宗拜祭时供养佛陀所用，还是随行喝茶所用。它就存放在法门寺的地窖里，上面又盖了宝塔，才能经历千年还毫发无损，完美如新。

这套茶具使我们知道，茶道在唐朝不只是成熟的文化现象，具有深邃的思想内涵，还是精美的艺术形式，成为生活的完美实践。

宫廷，是封建社会的最高层，也是社会意识的源头。既是时尚与文明的典范，又是传播文化思想的中心。当皇帝讲究饮茶之道，御用茶具金碧辉煌、华美富丽到了极致时，社会饮茶的风靡也就可想而知了。

如果我们将饮茶分为不同的层次：民间茶道是为了联结友情，品味人生；寺院茶道是为了超脱世俗，宁静致远；宫廷茶道是为了拣精择极，豪华享受，我们就能对茶道有全面的了解。

在研读法门寺茶具的历史资料时，意外地发现唐德宗皇帝有一个宠妃李治，竟是中国第一位女茶师，而且是茶圣陆羽的红颜知己。她的身世坎坷离奇，令人感慨万千。

“安史之乱”后，陆羽离开竟陵，沿长江而下，经过鄂州、黄州、彭泽等地，最后抵达湖州。湖州的风景秀丽、人杰地灵，邻近地区的茶泉都非常好，加上结识了方外至交皎然，陆羽便在湖州定居下来。

经由皎然的引荐，陆羽认识了一位色艺双绝的女道士李冶。

李冶原是吴兴一带的名伎，在诗歌艺术上有很深的造诣，后来看破红尘，出家修道。由于她长得美丽非凡，写得一手好诗，又能谈禅论道，所以附近的名士都乐于结识她。

陆羽就是在这种惜才的情况下认识李冶的。初次见面，李冶向陆羽敬了一杯香茶，没想到陆羽只向杯中看了一眼就说：“久闻李道姑以诗才著称，没想到尚未摆脱庸俗之气。”

李冶吃了一惊：“我们尚未开口交谈，陆处士何以断定我未脱庸俗之气？”

陆羽说：“从这杯茶就可以断定了！”

李冶不解地问：“这茶里有什么事可以断定？”

“你所居的吴兴，啄木岭茶名扬天下，顾渚山的紫笋茶是历代的贡品，但你泡的茶和俗人一样，辱没了好茶。”

李冶更为惊奇：“茶，还有道俗之分吗？”

陆羽说：“茶，乃养生之精，可以解热渴、驱凝闷、缓脑痛、明眼目、息烦恼、舒关节、荡昏寐，长期饮用可以有力悦志、增益思考……这些还在其次，善茶之人必有五美，味之美、器之美、火之美、饮之美、境之美，茶的境界与诗情道心并无分别，境界高的人才能泡出天人合一的滋味呀！”

李冶听了心中大为叹服，但口中依然不服，说：“你还没有喝这杯茶，怎么说我未脱俗气呢？”

陆羽说：“茶水煮开时，小滚为鱼目，大滚为蟹眼，唯有鱼目与蟹眼，茶叶才能显味。你用尚未开透之水泡茶请我，以致茶叶浮水、茶香未出，显露出你泡茶的时候心不从容、意不平宁、志不专一，这不是和俗人一样吗？”

李冶听了若有所悟，当场拜陆羽为师，学习茶艺。陆羽当晚即留宿观中，住了半个多月，这段时间除了与李冶谈诗论艺，就是传授烹茶品茗之道，李冶很快领略其中的要诀。后来，陆羽常来与她煮茶论道，使她的茶艺走向了新境界。不久之后，李冶不仅色艺知名于天下，烹茶煮茗的声名也震动八方。

唐建中四年（783年），德宗皇帝闻知李冶的诗名茶名，特别下诏召她上京觐见。唐德宗一见李冶，惊为天人，当时李冶已经四十几岁了，但姿色脱俗，气质更是非凡。唐德宗惊喜之余，把她强留在宫中，并召幸了她。

第二年，大将朱泚发动政变，唐德宗仓皇逃走，后宫佳丽都被弃在宫中。朱泚入宫后找到李冶，被她清雅不凡的风韵所倾倒，把她占为己有；李冶迫于无奈，只好跟随在朱泚身边。

这场叛乱很快被平息了，唐德宗再度回京，恼恨李冶对他不忠，下诏将李冶处斩。

中国第一位女茶师，诗艺与茶道都达到高峰的女茶师，就在男性无知与霸权的心态下不明不白地死了，死在那些心不从容、意不平宁、志不专一的俗人手里！

李冶的形体如茶香飘散了，但她从陆羽那里学来的茶道艺术却流传了下来。至今吴兴一带用的还是她的烹茶方法，听说湖州一带著名的擂茶就是她传下来的绝技。

就在李冶被召进宫中的前几年，陆羽在湖州的青塘门外，完成了世界第一部《茶经》，时在780年。

读完李冶的故事使我掩卷叹息，再想到法门寺地宫里那些皇室的茶具，更是怅惘无限。想到李冶当年也是用这种茶具煮茶来侍奉庸俗的皇帝，不像她的老师陆羽，听到皇帝召见，连夜逃出皇宫，浪迹天涯。她的心也是这样怅惘的吧！如同用未开透的水泡出的茶叶，半干半湿、半绿半黄地浮在水面，水是水，茶是茶，人已非人。

即使是一片茶叶的香气，也要在天地间寻找知味的人呀！

这样想来，那只在大慈恩寺大雁塔舍身的大雁，在万古长空中虽只有小小的身影，在一朝风月里，却又翼长万里，覆盖了整个蓝天。在人间的俗人，可能在一生里偶得风月，以权势和粗鲁服人，却只是历史里的一点烟尘煤灰，一提到他们就仿佛污染了我们洁白的衣裳呀！

万古云霄一羽毛

成都的朋友杨涛带我去参观武侯祠，看看在中国历史上被认为是智慧象征的诸葛孔明。

武侯祠入门的地方，我看到有徐悲鸿题的一块匾额“万古云霄一羽毛”，对杨涛说：“这匾写得真好！”

杨涛说：“这是徐悲鸿自己题的词吗？”

其实，“万古云霄一羽毛”不是徐悲鸿的词，而是杜甫的诗句。杜甫也曾参观武侯祠，题过几首咏怀的诗，其中有两首：

蜀主窥吴幸三峡，崩年亦在永安宫。
翠华想象空山里，玉殿虚无野寺中。
古庙杉松巢水鹤，岁时伏腊走村翁。
武侯祠屋常邻近，一体君臣祭祀同。

诸葛大名垂宇宙，宗臣遗像肃清高。
三分割据纡筹策，万古云霄一羽毛。
伯仲之间见伊吕，指挥若定失萧曹。
运移汉祚终难复，志决身歼军务劳。

我对杨涛说：“这两首诗，用来写诸葛亮非常贴切。但其中有两句‘翠华想象空山里’‘万古云霄一羽毛’，如果用来形容茶神陆羽，就更贴切了。”

“愿闻其详。”杨涛说。

我说：“诸葛亮和陆羽都是隐居的人，但诸葛亮在三顾茅庐之后为蜀效命，他身负重任，并不是那么潇洒的人。他鞠躬尽瘁，死而后已，更接近于忠肝义胆的人格典型，所以在武侯祠里，他和刘备、关羽、张飞一同被祭祀。反观陆羽，他一生漂流不定，正如他的名字‘羽’一样，是‘漂流在陆地上的一根羽毛’，一生无拘无束，在中国各地旅行；后来名气大了，皇帝召他去做官，他竟然抗旨逃走了。他确立的是一个真正自由自在的典型，他的一生不正是‘万古云霄一羽毛’吗？他为茶所做的贡献，不就是‘翠华想象空山里’吗？”

于是，当我顺着杜甫的诗意，在武侯祠的古寺杉树与松林之间寻找着水鹤的巢，想着诸葛亮那“羽扇纶巾，谈笑间，樯橹灰飞烟灭”的潇洒影子，也忍不住想起陆羽那有着隐士特质的模样。这两位令我敬佩的历史人物，竟在武侯祠里交迭了。

我想到自己常去喝茶的台北“故宫博物院”“三希堂”，里面就有一尊陆羽的塑像，在那里气定神闲地品茶。

在“故宫”最高层的“三希堂”，坐在陆羽像面前喝茶，想到在楼地板下面，一楼、二楼、三楼放着许多帝王后妃的画像，许多圣旨与遗诏，以及许多贤臣宰相的文物，许多文人艺术家的诗词书画，内心不禁有所感动：陆羽既非文人艺士，也没有担任过一天的官职，他却是坐在“故宫”的最上层供人瞻仰，在四面墙上，留下了他写的《茶经》，放大再放大，竟然书写了整面墙。

一个人以品茶知名于天下，甚至穿越时空，超越许多有丰功伟绩的帝王将相、能要异士，普遍受到尊崇与供奉的，陆羽应该是唯一的一位吧！

陆羽所穿越的时空，远远超过我们的想象。在日本京都奈良的许多茶堂里，入门处总是供奉一尊神明，那不是别人，正是茶神陆羽。每回站在异国的茶堂，站在陆羽像前，有如他乡遇见了故知，这样的思想远传、品位远传，胜过古代任何一个政权的攻伐呀！

有一次，在夏威夷的日本茶室喝茶，陆羽也赫然在焉！茶室的主人说是从日本移来，早晚对茶神上香，以保佑在异国的生活平顺。而那斑驳的陆羽像，说是从祖父时代就传下来的，陆羽有灵，必会护佑茶行云云。

是在夏威夷那一次，我深觉中国人虽然也崇敬陆羽，却远不及日本人崇拜。

但似乎也不能这样说，是当代的中国人没有像以前那么崇拜陆羽吧！自唐朝末年以来，陆羽就是被当成神来祭拜的，根据《唐才子传》的记载："羽嗜茶，造妙理，著《茶经》三卷，言茶之原、之法、之具，时号'茶仙'，天下益知饮茶矣！鬻茶家以瓷陶羽形，祀为神，买十茶品，得一'鸿渐'。"

可见陆羽早就被看成茶仙、茶神，唐朝卖茶的人就用陶瓷来为他塑像，一次买十个茶器，就赠送一个陆羽的瓷像。陆羽的塑像又是用来做什么呢？据唐人李肇《唐国史补》中说：“巩县陶者多瓷偶人，号‘陆鸿渐’，买数十茶器得一‘鸿渐’，市人沽茗不利，辄灌注之。”

卖茶的人买卖茶叶不顺利时，就用茶水来供养浇灌在陆羽的头上，祈求他的保佑。在那个时代，陆羽被奉为神明，那种崇敬心并不会逊于现在日本的茶室！

比起那些在朝为官的人，在野读书的人，陆羽更像一个乡野村夫。他日日与茶水为伍，又以写作自遗，其作品留下的篇目很多，例如《君臣契》三卷、《源解》三十卷、《江表四姓谱》十卷、《南北人物志》十卷、《占梦》三卷、《天之未明赋》及《四悲歌》等，可惜内容都散逸了，只留下一部《茶经》。光是这一部，也足以传世不朽了。

陆羽写茶的时候，把对茶的研究说成是“经”，这在当年就是一个充满了大器的创见。因为在科举时代，连一代大儒都不敢说自己的著作是经，不敢与“六经”并列，独独陆羽认为“穷《春秋》，演《河图》，不如载茗一车”，大胆地把自己的茶说取名为《茶经》，作为古代茶叶文化史的第一部茶书，也作为世界上第一部茶的专著。陆羽之于茶，不只有着宗教家的情怀，也是开宗立派的一代大师，这也才使他的名字与茶同流，清风雅趣，脍炙古今。

明朝李维桢在《茶经》序里说，“太史公曰：‘古者富贵而名磨灭，不可胜记，唯倜傥非常之人称焉。’鸿渐穷厄终身，而遗书遗迹，百世下宝爱之，以为山川邑里重，其风足以廉顽立懦，胡可少哉！夫酒食禽鱼，博塞樗蒲，诸名经者夥矣，茶之有经奚怪焉！”

喝酒、饮食、鸟兽、虫鱼、赌博、游戏等都有人称经，陆羽这么了不起、有见识的人，以经名茶，又有什么奇怪的呢？

陆羽有什么风骨，能廉顽立懦？又有什么遗事，能为百世宝爱呢？

陆羽是被父母抛弃的婴儿，被竟陵龙盖寺的智积禅师捡来抚养长大。他不知自己的姓名，自己卜卦，得“鸿渐于陆，其羽可用为仪”。取名陆羽，字鸿渐。他从小有文学才华，喜欢思考，学东西时都要学到妙趣，特别是学茶艺，更是如此（羽有文学，多意思，耻一物不尽其妙，茶术尤著）。

小时喜欢写文章，也爱讽喻，看见别人做了善事，就如同自己行善；看见别人做了恶事，就连自己也感到羞耻；常常说些不好听的话规劝别人，直来直往，从不回避（少好属文，多所讽喻，见人为善，若己有之；见人不善，若己羞之；苦言逆耳，无所回避）。

与人相处的时候，如果有别的想法，就会不告而别，所以别人会怀疑他容易起嗔心（凡与人燕处，意有所适，不言而去，人或疑之，谓生多嗔）。

如果与人有约，虽然要走过千里的冰雪，被虎狼挡住了去路，也不会失信（及与人为信，虽冰雪千里，虎狼当道，不愆也）。

陆羽隐居在苕溪的时候，常常驾着一叶扁舟，来往于山间的寺院，随身只带着纱巾、藤鞋、短褂、围裙。往往独自在田野中行走，诵着佛经，吟着古诗，或用拐杖敲着树木，或用手抚弄流水，犹豫徘徊，从清晨到黄昏，甚至到天黑了，尽兴了，才痛哭着回家（常扁舟往山寺，随身惟纱巾、藤鞋、短褐、犊鼻。往往独行野中，诵佛经，吟古诗，杖击林木，手弄流水，夷犹徘徊，自曙达暮，至日黑兴尽，号泣而归）。

在陆羽心目中，茶道是至高无上的。有一次，御史大夫李季卿到江南，他喜欢喝茶，又听说陆羽的茶名，便把陆羽找来。陆羽穿着粗布衣服，手捧茶具而入。李季卿说："陆君会泡茶，是天下知名的，扬子江南零水，又是绝妙好水，今天难得两妙相遇，我不可轻忽啊！"等到陆羽泡茶完毕，李季卿叫奴婢赏钱给陆羽，陆羽羞愤，回家就写了《毁茶论》（御史大夫宣慰江南，喜茶，知羽，召之，羽野服挈具而入。李曰："陆君善茶，天下所知。扬子中泠，水又殊绝。今二妙千载一遇，山人不可轻失也。"茶毕，命奴子与钱，羽愧之，更著《毁茶论》）。

陆羽十分重感情。在他的心中，不只茶是无价之宝，感情也是无价之宝。当他听到扶养他长大的智积禅师圆寂，哭得十分哀恸，写了一首诗：我不会羡慕白玉做成的杯子，也不会羡慕黄金的酒樽！我不会羡慕入朝为官，更不会羡慕官居一品！我只是千羡万羡地羡慕那西江水呀，能时时刻刻流向竟陵城，流过师父的脚边呀！（羽事竟陵禅师智积，异日他处闻禅师去世，哭之甚哀，乃作诗寄情，其略曰："不羡白玉盏，不羡黄金罍。亦不羡朝入省，亦不羡暮入台。千羡万羡西江水，曾向竟陵城下来。”）

对于陆羽这种不为物质富贵所倾动的人，欧阳修曾说：“夫穷天下之物，无不得其欲者，富贵之乐也。至于荫长松，藉丰草，听山溜之潺湲，饮石泉之滴沥，此山林之乐也。而山林之士，视天下之乐，不动其心。”

陆羽对富贵之乐的不动其心，是一路走来，始终如一的。他晚年的时候，名闻天下。皇帝因此下诏请他担任太子文学的官职，他不去；又请他担任太常寺太祝，他也不就职。在他的境界，富贵就好像浮云一样了（诏拜羽太子文学，徙太常寺太祝，不就职）。

陆羽留下的《茶经》堪称完整，但他的生平却所知不多。从这些吉光片羽，我们已经能粗略勾勒出一个不凡的人格典型。陆羽原是从人生的最底层出发的人（弃婴，不知名姓），却能对人间的权位富贵不屑一顾，一生潇洒不群，果然正如他名字的寓意：飘浮在陆地上的一根羽毛！万古云霄里最鲜明的一根羽毛！

这根羽毛，飘过一千多年的时间，依然影响着我们；这根羽毛，飘过千万里的空间，在异国成神成仙，影响了世界的饮茶文化。

这根羽毛，虽是鸿毛，却重逾泰山！

呀！翠华想象空山里，万古云霄一羽毛！

友情的茶

读茶圣陆羽的资料时，令我感动的有两处：一是陆羽和师父智积法师的感情，二是陆羽和皎然法师的友谊。

陆羽是一个弃婴，完全不知道自己的身世，在他的自传里开头就说："陆子名羽，字鸿渐，不知何许人。"名姓都是他自取的，他卜卦得了"渐"卦，依《易经》的记载："上九，鸿渐于陆。其羽可用为仪，吉。"（鸿鸟逐渐登陆，它的羽毛可以做仪礼用，是很吉祥的卦）。

因此，"陆羽"是陆上的羽毛。"陆鸿渐"则是鸿鸟逐渐登陆。从这里，说不定可以看到陆羽的用心与立志。

陆羽不知道是被谁捡到的，只知道他三岁的时候，被复州竟陵龙盖寺的住持智积法师收养。智积法师看出他根器不凡，陆羽九岁时，就教他学习佛教经典。

不知道是佛典对九岁孩童过于深奥，还是智积法师过于严格，陆羽对佛法兴趣不大，反倒是喜欢诗文创作。放牛的时候他常在牛背上学作诗文，到了忘情的地步，时常受到责难。十三岁的时候，陆羽忍无可忍，逃离寺院。

传说，陆羽善于烹茶品茗是受了智积法师的影响。因为他是自幼为智积法师煮茶的人，智积喜茶善茶，在一旁指导他是很自然的事，并非刻意传授。

事实上，茶道的奥妙岂是可以言传的？

陆羽对茶的领悟力极高。几年之后，智积非陆羽的茶不饮。陆羽不告而别，想来对这位老师父的打击必然很大，传说从此“智积断茶”，不再喝茶了。

这件事传入皇帝唐代宗李豫（726—779）的耳中，感到不可思议，就召智积入宫，令宫中的茶师奉上名茶，智积只喝一口，就放下不饮了。唐代宗又密召陆羽进宫，由陆羽亲自煮茶，请智积品尝，智积一饮而尽，忍不住流下老泪说：“这真像是陆羽煮的茶呀！”

唐代宗这才让阔别多年的师徒相见。

这虽然是传说，但这种境界完全是有可能的。我们在生活中常有此等情境，例如，广告上说的“有妈妈的味道”，或者像我们惯于去某一特别的咖啡厅喝咖啡，都是心意相通的结果。这种“有陆羽之味的茶”使我们知道，茶道里不只是泡好茶，实有深刻的感情因素。

话说陆羽离开寺院之后，到一个戏班子里当丑角，据说还写了剧本。后来在竟陵演出的时候，受到竟陵太守李齐物的赏识，亲自教他诗文，还介绍了一位姓邹的夫子教他诗文。

一个懂得茶道的人，必然是有诗心的。由于陆羽会烹茶，且与李白、杜甫、颜真卿都有来往，他的文名很快就传出来了。“安史之乱”后，他在苕溪隐居，因为苕溪出好茶的缘故。这时，他和诗僧皎然、隐士张志和结为莫逆，经常在一起煮茶论诗。

皎然与陆羽的交情很深，陆羽在自传中形容他们的友谊是

“缁素忘年之交”。在皎然的诗里，曾有多首谈到陆羽，有一首是《九日与陆处士羽饮茶》：

九日山僧院，东篱菊也黄。
俗人多泛酒，谁解助茶香。

俗人在酒中应酬，怎能知道在友谊中喝茶是多么地香呢？还有一首是《寻陆鸿渐不遇》，是皎然去找陆羽没有找到：

移家虽带郭，野径入桑麻。
近种篱边菊，秋来未著花。
扣门无犬吠，欲去问西家。
报道山中去，归时每日斜。

清晨就到山上，黄昏才回来的陆羽，恐怕是到山上去采茶了吧！

有一次，皎然和颜真卿、陆羽一起登妙喜寺，写下《奉和颜使君真卿与陆处士羽登妙喜寺三癸亭》，其中有四句：

境新耳目换，物远风烟异。
倚石忘世情，援云得真意。

皎然是历史上最有诗才的僧侣，他留下来的诗有四百七十余首，许多诗中提到陆羽，可见陆羽是个很得朋友喜欢的人。可惜陆羽的诗多未留传，仅存的一首是《会稽东小山》：

月色寒潮入剡溪，青猿叫断绿林西。
昔人已逐东流去，空见年年江草齐。

在唐朝，有当官资格而不就仕的人，称为“处士”。《荀子·非十二子》云：“古之所谓处士者，德盛者也，能静者也，修正者也，知命者也，著是者也。”陆羽曾被任命为东宫府太子文学的官，又奉召为太常寺太祝，但是他宁可在隐逸中生活，泛舟江湖，寻访山寺，与朋友饮茶谈诗，可见他是一个解脱了欲望束缚、志行高洁的人。因此，在《茶经》中，他开宗明义地说，懂喝茶的人一定是“精行俭德之人”。

“精行俭德”恐怕还不够，还要懂得感情，在茶中有着友谊的芬芳。陆羽是一个孤儿，但他一生结交了许多好友，才不枉他成为“茶圣”，写下全世界第一部茶的经典。

每次想到陆羽在自传里写到，他与朋友约定一定守约：“虽冰雪千里，虎狼当道，不愆也。”我便心胸为之震动，仿佛看到陆处士在千里雪原奔赴朋友的茶会，天地中都飘着茶香。

茶与酒不同，茶是为更清明、更深刻的友谊而存于世间的。

沏壶冻顶供养春天

中国茶艺得力于许多小人物，就以现在最流行的紫砂壶来说吧。紫砂壶确切的起源很难查考，但是以现存的图书为依据，在宋元以前的绘画中都没有用紫砂小壶泡茶的。因此，我们可以确定，紫砂小壶起源于明朝。

传说，常州府的宜兴有一天来了一位云游的和尚，他一边走，一边叫卖："卖富贵！卖富贵呀！"

富贵怎么能买卖呢？初听到的人感到好奇，全跑到街上来看。却发现叫卖的人原来是一个衣衫破旧的穷和尚，全都嗤之以鼻，一哄而散。只剩下一位老人，兴味盎然地看着这个和尚。

和尚就拉着老翁说："贵不用你买，买富怎么样？"

和尚一边说，一边把老人拉到山上，指着一个地方，就扬长而去，不见踪影了。

老人决定碰碰运气，他把和尚所指的地方挖开，里面竟露出五色俱全、灿若披锦的泥土。附近的陶人都来取土回去烧壶，烧出的陶器古朴素雅，不亚于瓷器。

这就是紫砂壶由来的传说，记载在明朝周高起[①]的《阳羡茗

① 周高起：生于晚明时期，字伯高，江苏江阴人。撰有《读书志》《阳羡茗壶系》等著作，是风雅爱茶之人。

壶系》里。但这时紫砂烧的仍是大壶，制紫砂小壶的则是另一位和尚。

话说宜兴的金沙寺里有一位和尚，性情非常闲雅而有品位。他时常和一些制陶的工匠在一起，谈一些陶艺的事。

他看到陶师们把用剩的泥土丢弃，觉得十分浪费。于是，他把这些泥土收集起来，再加淘洗，只留下那质地最精细的泥土；然后“抟其细土，加以澄炼，捏为胎，规而圆之，刳而中空”；再按上底座、口、柄、盖，做成小壶，托陶师与其他的陶器入窑烧制。结果，烧出的茶壶色泽乌紫，质地坚硬，铿锵作金石声，拿到的人都当成宝物，紫砂小壶的做法就此传扬开来了。

这位金沙寺的和尚连姓名也未曾留下，很可能在历史上也不是什么大师级的人物。

第一位紫砂壶的制作名家和这位和尚一样，也不是什么大人物。

在宜兴有一位极富有的文人叫吴颐山，他有一位小书童，取名为“供春”。吴颐山有一段时间到金沙寺借住读书，供春随侍而住在金沙寺里。

供春对做茶壶很有兴趣，劳役的余暇，就学习老和尚制壶的技艺，自己也去选一些泥土捏着玩。

供春不只心灵手巧，还颇有艺术创造天分。他把老和尚制壶的技术改良，精选泥土做坯，用茶匙压内壁，用手指按压外壁，内外一起使劲，屡按屡压，反复不断，直到壶坯异常紧密为止。制成后，整把壶都留下指节纹理。“指螺纹隐约可见，胎必累按，故腹半尚现节腠。”这种在壶上留下指节纹理，就颇有艺术家的气派了，传说金沙寺和尚所做的壶也是以指纹为记。

周高起看到供春的壶，惊叹为“神明垂则”“今传世者，栗色暗暗，如古金铁，敦庞周正”。闻龙在《茶笺》一书中说道：老友周文甫，家藏供春壶一把，“摩挲宝爱，不啻掌珠，用之既久，外类紫玉，内如碧云，真奇物也”。周文甫养这把壶数十年，死的时候还用以殉葬。

一把茶壶从外面看起来像紫色的玉，里面看起来如碧绿的云，这种感受只有养过茗壶的人才能知道。

供春的壶太出色了，从明朝就有人仿制。茶壶名家时大彬就留下许多仿制供春的壶，如果不是时大彬在壶底自刻“大彬仿供春式”，现代的人根本难以分辨。

我曾看过两把供春壶，那壶看起来是随意的，表面上有泥土的纹路，看着看着就令人感动了。

供春的名姓也未曾留下。

茶道之路，是由许多小人物铺成的，这一点又留下佐证。

几天前，朋友送我一斤今年的冻顶春茶。我在喝的时候，就想到如今能以紫砂壶喝这么好的茶是幸福的，想到流汗制壶的不知名的金沙僧，想到做完劳役之后，蹲在一旁捏壶学习的供春，想到平凡的小人物如何不为名利地创造了中国茶文化。于是，觉得今年的冻顶应该供养那些创造了茶文化春天的小人物，人小志气高的那种伟大抱负。

看时大彬的茗壶

凡一技成名者，皆天下聪明人，乾坤灵气所钟。当路便当爱惜而保全之。若造此恶业，必永断慧根矣！

——冯梦龙

偶然间，看到明朝制壶名家时大彬的几把茶壶，令人忍不住感动。又想到天地间不仅自然界含英咀华，也有许多人在细微处光彩夺目，经过千百年还不减其光芒。

时大彬是明朝万历年间的人。他的父亲也是制壶名家，名叫时朋。时大彬自幼跟随父亲做壶，手艺极为高妙，小时候的技术就与父亲并驾齐驱了，当时的人称他制的茶壶“不务妍媚而朴雅坚栗，妙不可思”。

他一开始是做大壶，后来为了文人雅士品茗的需要，改做小壶，像他的茗壶流传至今的“僧帽壶”“葵花壶”“白泥瓜棱壶”等，不仅是工艺制作的极致，也充满了创造力，可以说是巅峰的艺术品了。

他还制作过一组叫“六合一家”的壶具，壶身分成四个部分，底盖各一，分开可以变成六个，合起来则成一壶，“水注其中，滴屑无漏”。可惜，这把茶壶没有留传下来，但也可以想见时大彬创造力的高超。

明万历年间，人人以求得一把时大彬的茶壶为荣，甚至茶壶与金子比重，一把五六两重的小壶，要用等重的黄金才换得到。周高起在《阳羡茗壶系》中说："至名手所作，一壶重不数两，价高每一二十金，能使土与黄金争价。世日趋华，抑足盛矣！"周高起把制壶名家分为几等品评，时大彬被评为"大家"，是地位与境界最高的："几案有一具，生人闲远之思。前后诸名家并不能及，遂于陶人标大雅之遗，擅空群之目矣！"

时大彬的壶艺会如此高妙，有一个传说。说他少年时代虽然制工精良，制品却从模仿"供春壶"和父亲的形式开始。后来，他云游四方，在娄东一带，聆听了陈继儒对琅玡、大原文士品茗论茶的一席话，豁然开悟。回家之后开始做小壶，创意如泉涌，由壶匠一步迈入了艺术之路。

时大彬是昆山人。他的壶艺名扬在外，被昆山县令知道了，很欣赏他的壶，于是时常到时家索取。然而，时大彬制壶的产量不多，县令要不到几把，甚至常常要不到。

最后，这个县令恼羞成怒，干脆把时大彬抓起来，关在一间房子里，限令他要做满三百把茶壶才可以出来。时大彬因此拒绝做壶，含愤而死。冯梦龙在《古今谭概》中提到这件事，并感慨地说："凡一技成名者，皆天下聪明人，乾坤灵气所钟。当路便当爱惜而保全之。若造此恶业，必永断慧根矣！"

想到千百年来最伟大的制壶名家，竟被一个不知名的小县令如此折磨而死，实在令人惋叹悲哀。

今天的人喜谈茶道，认为茶与禅是一味的，但装茶的壶也非常重要，就像禅不离生活一样。制壶的师傅也不只在外表上求功，而能做到“汤力茗香，俾得团结氤氲”，达到艺术的高峰，则三昧的体验是少不了的。

现今收藏茶壶的人更多，可惜逸雅神妙的壶反而少了。

现今的茗壶更贵，有价超百万的小壶，可惜真正思考壶之意义的人反而少了。

时大彬无疑是国宝级的艺术家，我看他的壶时感受甚深，心想：如果能用时大彬的葵花壶泡一壶茶喝喝看，就更好了。

不管多么了不起的茶壶，都是用来喝茶的呀！

卢仝七碗茶

在杭州西湖畔的翁隆盛茶馆喝茶，这家茶馆听说是明朝时代就有了，至今已有三百多年的历史。

几位一起喝茶的朋友问我：从古到今有这么多的茶诗，你觉得哪一首最好？

这真是问倒我了，“从古到今”是一个多么长的时段，茶诗可考的就有几千首，更别说那些不可考的了。若要选出好的茶诗，编成一册《茶诗三百首》也绝无问题。

但是，哪一首茶诗给我留下极深的印象，又把茶写得极好的，我倒是可以推荐卢仝的《七碗茶》诗。

卢仝的《七碗茶》诗原题为《走笔谢孟谏议寄新茶》：

日高五丈睡正浓，军将打门惊周公。
口云谏议送书信，白绢斜封三道印。
开缄宛见谏议面，手阅月团三百片。
闻道新年入山里，蛰虫惊动春风起。
天子须尝阳羡茶，百草不敢先开花。
仁风暗结珠蓓蕾，先春抽出黄金芽。
摘鲜焙芳旋封裹，至精至好且不奢。
至尊之余合王公，何事便到山人家。

柴门反关无俗客，纱帽笼头自煎吃。
碧云引风吹不断，白花浮光凝碗面。
一碗喉吻润。
二碗破孤闷。
三碗搜枯肠，唯有文字五千卷。
四碗发轻汗，平生不平事，尽向毛孔散。
五碗肌骨清。
六碗通仙灵。
七碗吃不得也，唯觉两腋习习清风生。
蓬莱山，在何处？玉川子，乘此清风欲归去。
山上群仙司下土，地位清高隔风雨。
安得知百万亿苍生命，堕在巅崖受辛苦。
便为谏议问苍生，到头还得苏息[①]否？

这首诗是卢仝写到在午睡的时候，突然收到孟谏议的赠茶，自己立刻关起门来煎茶吃。连吃了七碗茶，随即达到了饮茶的极高境界，自己仿佛做了神仙。但做了神仙的心情却是想到有百万亿的百姓在受苦，不知道他们是否也能得到苏息呢？

特别是他写到喝七碗茶的感受，使我们觉得痛快淋漓，以至于后代喜欢喝茶的人，常把卢仝的这首茶诗当成喝茶的一个准则了。我们如果把它诠释一次，也就知道饮茶的奇效了。

---

① 苏息：谓休养生息。

一碗喉吻润——茶可以滋润身心，产生喉韵。

二碗破孤闷——茶可以破除烦闷的心情。

三碗搜枯肠，唯有文字五千卷——茶可以刺激灵感，使思想清明。

四碗发轻汗，平生不平事，尽向毛孔散——茶可以抒发情绪，创造人的正向品质。

五碗肌骨清——茶可以使人超越俗事，连肌骨都为之清朗。

六碗通仙灵——茶可以使人通往神明的境界。

七碗吃不得也，唯觉两腋习习清风生——第七碗不能再喝了，因为会使人生起如梦似幻的境界，仿佛不在人间。

卢仝在历史上并不是赫赫有名的人，却因为他写了这首茶诗，使后人在谈茶史的时候，不能不提到他。因为在他之前从来没有人把茶提到那么高的境界——专心地喝茶即可以羽化登仙，名利权位又有何可恋？又有何可求？

卢仝自幼家贫，但写得一手好诗。他不顾仕进，因此隐居在少室山，自号“玉川子”，以读书、写诗、喝茶度日。曾写诗讥讽宦官专权，得罪了元和逆党，“甘露之变”时因留宿于宰相王涯家，与王涯同时遇害。

从卢仝的简历看来，他是与世无扰、与人无争的隐士，也唯有这样隐于山林之间的人，才能对每一碗茶都细细品味，对每一碗茶都有深刻的感受吧！在飘飘欲仙的当刻，又能深切体会采茶制茶的农民生活艰辛，更使这首茶诗在优美的诗境后还有深深的感情。

卢仝光是靠这一首诗就可以传世了！

大诗人苏轼在茶中一再以这首诗用典，例如《汲江煎茶》："枯肠未易禁三碗，坐听荒城长短更。"

例如《试院煎茶》："不用撑肠拄腹文字五千卷，但愿一瓯常及睡足日高时。"

例如《马子约送茶，作六言谢之》："珍重绣衣直指，远烦白绢斜封。惊破卢仝幽梦，北窗看起云龙。"

例如《游诸佛舍，一日饮酽茶七盏，戏书勤师壁》："示病维摩元不病，在家灵运已忘家。何须魏帝一丸药，且尽卢仝七碗茶。"

例如《次韵曹辅寄壑源试焙新芽》："仙山灵草湿行云，洗遍香肌粉未匀。明月来投玉川子，清风吹破武林春。要知冰雪心肠好，不是膏油首面新。戏作小诗君勿笑，从来佳茗似佳人。"

例如《游惠山（并叙）》："吾生眠食耳，一饱万想灭。颇笑玉川子，饥弄三百月。"

我读苏轼的诗，很少读到他一再用典的诗，卢仝是例外，可见他对卢仝的这首诗是如何倾倒了。不只是苏轼，历代可以说有无数的诗人拜倒在卢仝的茶诗下，我们试举几个例子：

北宋诗人文同的《谢人寄蒙顶新茶》："磊磊真贤宰，堂堂作主人。玉川喉吻涩，莫惜寄来频。"

宋朝诗人孙觌的《饮修仁茶》："昏昏嗜睡翁，唤起风洒面。亦有不平心，尽从毛孔散。"

宋朝诗人陆游的《昼卧闻碾茶》："小醉初消日未晡，幽窗催破紫云腴。玉川七碗何须尔，铜碾声中睡已无。”

宋朝诗人范仲淹的《和章岷从事斗茶歌》：“卢仝敢不歌，陆羽须作经。森然万象中，焉知无茶星。”

宋朝诗人梅尧臣的《尝茶和公仪》：“莫夸李白仙人掌，且作卢仝走笔章。亦欲清风生两腋，从教吹去月轮旁。”

元朝诗人耶律楚材的《西域从王君玉乞茶》：“卢仝七碗诗难得，谂老三瓯梦亦赊。敢乞君侯分数饼，暂教清兴绕烟霞。”

明朝潘允哲的《谢人惠茶》：“漫道玉川阳羡蕊，还如鸿渐建溪芽。泠然一啜烦襟涤，欲御天风弄紫霞。”

信手拈来，就可以看出卢仝的一首茶诗几乎贯穿古今，历来喜欢喝茶的诗人没有不倾慕的。

记得在翁隆盛茶馆，我对气质不凡的茶馆主人说：可以把卢仝的诗书写于壁间，让到茶馆品茗的佳客至少喝七碗才走。因为如果不能一饮七碗，如何能知道“乘清风归去”的滋味呢？

我在杭州的时候，正好是清明时节，明前茶成为嗜茶人在茶市里追逐的目标。茶馆主人以明前龙井为我连续泡了三盏，又冲了一碗野生的苦丁茶，最后又以明前的开化龙顶泡了三盏。七盏茶过后，眺望西湖，颇有飘飘欲飞之感。想起卢仝，他的时代，以及他喝阳羡茶的情景，才知道，连喝七碗好茶，果然能醉人呀！

流华净肌骨

偶然读到唐代诗人元稹的一首诗，诗名为《茶》，是一字到七字诗，颇有现代风格：

茶
香叶
嫩芽
慕诗客
爱僧家
碾雕白玉
罗织红纱
铫煎黄蕊色
碗转曲尘花
夜后邀陪明月
晨前命对朝霞
洗尽古今人不倦
将知醉后岂堪夸

这是一首“宝塔诗”，因为字句叠起来就像一座宝塔。这种形式的诗非常少见，在茶诗中更是绝无仅有的。

元稹的茶诗不只形式特殊，内容也很美，几乎包括了对茶叶的各种了解。例如“香叶”“嫩芽”，是说明茶叶采摘芳香的嫩芽。“慕诗客，爱僧家”，则说茶一向是诗人和僧侣向往与宝爱的。

“碾雕白玉，罗织红纱”：以白玉茶碾将茶叶碾碎，再用红纱的茶罗筛过。

“铫煎黄蕊色，碗转曲尘花”：放进茶铫中煎茶，使茶泛出黄色花蕊的色泽，以茶碗冲泡流转出如微尘般的花末。

“夜后邀陪明月，晨前命对朝霞”：不仅早上对着朝霞要喝茶，晚上邀明月作陪也要喝茶，从早到晚，人们都需要喝茶。

“洗尽古今人不倦，将知醉后岂堪夸”：洗尽古往今来的胸臆，使人不感到疲倦，特别是酒后喝一杯茶，更感觉到，茶比酒更好，更值得赞美呀！

元稹的茶诗可以让我们想到，早在一千多年前的唐朝诗人就很懂得饮茶品茶了。有一次，一家茶艺馆的老板向我索字，我就写了元稹的宝塔诗相赠，老板大为赞叹，问我：“还有什么有趣的茶诗吗？”

这使我想到历史上的茶诗不少，但堪称有趣又佳妙的茶诗并不多。记忆所及，有一首郑板桥的手书《竹枝词》很有趣：

溢江江口是奴家，郎若闲时来吃茶。
黄土筑墙茅盖屋，门前一树紫荆花。

这首听起来像茶山情歌的诗，用最浅白的语言写出了小家碧玉的深情，仿佛让我们看见了紫荆花树后黄土墙内，等待情郎来喝茶的待嫁女儿心。

茶不仅可以表达男女之情，也常被拿来表达友情。因此，古代诗人不只饮茶赋诗，喝茶也生起诗情。有一首《五言月夜啜茶联句》，就是几个大文学家在喝茶时，用联句咏茶，并呈现了朋友间的情谊。这六个大文学家分别是颜真卿、陆士修、张荐、李崿、崔万、皎然。

泛花邀坐客，代饮引情言。（陆士修）
醒酒宜华席，留僧想独园。（张荐）
不须攀月桂，何假树庭萱。（李崿）
御史秋风劲，尚书北斗尊。（崔万）
流华净肌骨，疏沦涤心原。（颜真卿）
不似春醪醉，何辞绿菽繁。（皎然）
素瓷传静夜，芳气满闲轩。（陆士修）

这首联句意境悠远淳美，我试着译成白话：

我用泛着碗花的茶邀请各位来做客，
我们以茶代酒来写首诗吧！
如果为了醒酒，应该办个豪华的茶宴，
为了留住皎然，最好有个像这样单独的庭园。

不需要爬到月亮上去，
也不需要满院栽种花草。
像张荐这样的御史比秋风还强劲，
像真卿这样的尚书比北斗星还要尊贵。
不要吹捧我了，
我们来看碗中漂流的茶沫，
洗净我们尘俗的肌骨和心灵的原野吧！
不像春酒使人迷醉，
也不像酒席那么烦琐，
朴素的瓷碗在静夜中传递着，
芬芳的香气溢满了清闲的小屋。

我喜欢喝茶，也喜欢朋友。每次想起这首诗，也会想起昔日与朋友饮茶的情景。在喝茶时论诗作文、品评人生实在是一大乐事，比起“喝咖啡，聊是非”，更不可同日而语了。

说到新奇有趣的茶诗，不可不提苏轼在梦中得句的诗。苏轼有一次在大雪过后，梦到有人用雪水烹煮着小龙团茶请他，还有美人在旁唱歌陪伴，在梦里写回文诗相赠。醒来后只记得其中一句“乱点余花唾碧衫”，是用了赵飞燕的典故，意即美人的唾液染于袖上都像花一样美。清醒后，苏轼把这首诗完成了。

回文诗的意思是诗中字句回环往返，皆成篇章。写诗的人必须有很深的造诣，才能写出不俗的境界。苏轼在梦中喝茶，果然是茶痴，一奇也；喝完茶梦中写诗，果然是大诗人，二奇也；梦中还能写高难度的回文诗，三奇也；梦醒之后，竟能续完，四奇也。

记梦回文二首（并叙）

十二月十五日，大雪始晴，梦人以雪水烹小团茶，使美人歌以饮，余梦中为作回文诗，觉而记其一句云“乱点余花唾碧衫”，意用飞燕唾花故事也。乃续之为二绝句云：

酡颜玉碗捧纤纤，乱点余花唾碧衫。
歌咽水云凝静院，梦惊松雪落空岩。

空花落尽酒倾缸，日上山融雪涨江。
红焙浅瓯新火活，龙团小碾斗晴窗。

我们再由尾往头读一回，更能感受这首诗的妙趣：“窗晴斗碾小团龙，活火新瓯浅焙红。江涨雪融山上日，缸倾酒尽落花空。”“岩空落雪松惊梦，院静凝云水咽歌。衫碧唾花余点乱，纤纤捧碗玉颜酡。”

但从“玉碗”转“玉颜”，以物转人；再由“歌咽水云凝静院”回成“院静凝云水咽歌”，从人转物，人的歌声化为水的歌声。接着，是花落尽在先呢，还是酒缸空了在前呢？不得不令人佩服苏轼的才情与境界呀！

茶诗尽管有趣，还是与茶相得益彰的。想起北宋文学家曾巩的两句诗："一杯永日醒双眼，草木英华信有神。"

喝了一杯好茶，就喝了满腹的诗书！

相思一磬声

在南京巡回演讲时，遇到南京大学生物系植物学的退休教授叶德闲。叶教授读到我书中的“酢浆草茶”，非常感兴趣，特别采了几个品种供我辨识。她说：“酢浆草在我的家乡土名叫‘酸不几几草’，一般都是用来嚼的，却不知可以煮茶。请问林先生，煮茶是用黄花酢浆草好呢，还是红花的好？”

“用黄花的好。”我说。

叶教授写下了黄花酢浆草的学名：“Oxaliś corniculata L.”，并又用英文写了三种紫花酢浆草的学名。

我看着七十几岁的老学者，用颤抖的手写着英文，内心为她做学问的认真而感动着。

在短暂的谈天中，我知道叶教授也是喜欢喝茶之人。我说：“真希望可以找到时间和您一起品茶！”很可惜，行程仓促，我们一起喝茶的心愿并没有达成。没有想到第二天，叶教授通过新华书店的朋友送给我一首亲自翻译的茶诗，以及一册 1989 年出版的《中国古代茶诗选》。

茶诗是英国 19 世纪的政治家威廉·格莱斯顿（William Gladstone）写的：

Tea，the Cure-All

If you are cold, tea will warm you,
If you are too heated, tea will cold you,
If you are depressed, tea will cheer you,
If you are exhausted, tea will calm you.

叶教授的译笔典雅优美：

茶是可人儿，万灵丹

寒冷若你，茶将为之温暖，
激愤若你，茶将为之安定，
沮丧若你，茶将为之开怀，
疲惫若你，茶将为之抚慰。

《中国古代茶诗选》是钱时霖选注的，编选俱是上乘，可惜1989年出版后就没有再版了。我去南京、合肥、苏州、黄山、上海、大连、沈阳、北京、西安、成都、重庆、广州……行囊中总带着叶教授的这本赠书。在陌生的旅店，经过一天的忙乱，就会把书拿出来，诵几首诗，感觉到在滚滚红尘中有好诗诵读，是人间难得的幸福！

在诵读《中国古代茶诗选》时，感动我的不只是诗，也不只是茶，而是诗人的友谊。这证实了我从前的一个观点：好茶是为了更深刻的友谊而存在于世间的。

我特别检视了敬佩的茶神陆羽和大诗人苏轼与友人的酬答。

陆羽留下的资料不多，他在自传中写到与朋友约定一定守约："虽冰雪千里，虎狼当道，不諐也。"

传说陆羽的外貌不美，又有口吃的毛病，但他颇有才学，性格豪爽，与朋友交往非常真诚。所以，他虽隐居在吴兴（今浙江省湖州市），却有许多名僧高士来找他饮茶吟诗。他的好朋友有李白、杜甫、颜真卿、皎然、张志和、孟郊、皇甫曾、皇甫冉……都是名动百世的大诗人、大文学家。

最值得一提的是陆羽和皎然的友谊。皎然是出家人，却与陆羽是缁素忘年之交。他是咏陆羽诗最多的人，留传的有寻访诗三首、送别诗两首、聚会诗六首及联句多首，为后代的人研究陆羽提供了许多重要的线索，也为他和陆羽深刻的友谊做了最佳的注脚。

我们就选几首来看看吧！

寻陆鸿渐不遇

移家虽带郭，野径入桑麻。
近种篱边菊，秋来未著花。
扣门无犬吠，欲去问西家。
报道山中去，归时每日斜。

访陆处士羽

太湖东西路，吴主古山前。

所思不可见，归鸿自翩翩。
何山赏春茗，何处弄春泉。
莫是沧浪子，悠悠一钓船。

九日与陆处士羽饮茶

九日山僧院，东篱菊也黄。
俗人多泛酒，谁解助茶香。

赋得夜雨滴空阶，送陆羽归龙山（同字）

闲阶夜雨滴，偏入别情中。
断续清猿应，淋漓候馆空。
气令烦虑散，时与早秋同。
归客龙山道，东来杂好风。

从陆羽的交友，我们可以看出他结交的朋友都有深厚的内涵、清雅的人品，都是不杂名利、不染尘俗的。他的朋友皇甫曾在想念他时，写下“寂寂燃灯夜，相思一磬声”这样优美的句子。朋友孟郊谈到他晚年在江西上饶的生活时说：“啸竹引清吹，吟花成新篇。乃知高洁情，摆落区中缘。”

我们看到的陆羽，是在竹边花畔吟咏，性情高洁不染尘俗的人，这样的人不是突然生在世间的，而是一群志行高迈的人在尘世间逐渐锻炼出来的。

苏轼与陆羽不同，陆羽终生不仕，苏轼却是宦海浮沉，屡屡被贬到蛮荒之地，甚至差一点儿遭受杀身之祸。幸好他的才学与乐天，使他常能苦中作乐，而他结交的许多好朋友，也使他在贬官之际还有友谊的温暖。

苏轼最要好的朋友，无疑是他的弟弟苏辙。其次，应该是门生黄庭坚和方外至交佛印。

苏轼被称为“唐宋八大家”之一，他的散文与欧阳修并列，称为“欧苏”；诗与黄庭坚一起，称为“苏黄”；词与辛弃疾并列，称为“苏辛”；书法与黄庭坚、米芾、蔡襄并称为“宋四家”。他和这些人都有很好的友谊。

苏轼一生豪放潇洒与婉约细腻并称，他的朋友也大抵有这两种性情。我来选两首茶诗，以看苏轼与黄庭坚的友谊。黄庭坚有一天得到家乡的双井茶，特别送给苏轼品尝，并赋诗一首：

双井茶送子瞻

人间风日不到处，天上玉堂森宝书。
想见东坡旧居士，挥毫百斛泻明珠。
我家江南摘云腴，落硙霏霏雪不如。
为君唤起黄州梦，独载扁舟向五湖。

意思是说他想念苏轼写诗作文的模样，特别送上家乡的好茶，希望唤起苏轼贬谪黄州时的梦想，独自驾着扁舟自由自在地在五湖徜徉。

苏轼收到茶叶和诗歌之后，把诗拿给六一居士欧阳修看，喝了茶之后，回诗一首：

鲁直以诗馈双井茶，次韵为谢

江夏无双种奇茗，汝阴六一夸新书。
磨成不敢付僮[1]仆，自看雪汤生玑珠。
列仙之儒瘠不腴，只有病渴同相如。
明年我欲东南去，画舫何妨宿太湖。

苏轼这首诗是说感谢黄庭坚赠送双井茶，他的诗和书法连六一居士欧阳修都称赞不已。由于爱惜他寄的茶，苏轼自己磨茶泡茶。“我还是像以前一样的瘦，又有像司马相如一样消渴的病，明年我想到东南走走，将会租一艘画舫夜宿太湖边上，但愿可以与你相见呀！”

苏轼一生中与朋友应答的诗文书信非常多，想念朋友的时候也常写诗寄茶，为后世留下了宝贵的文学史料，他无疑是非常重视友谊的人。

读了陆羽和苏轼的诗文，使我想到我们交的朋友要重质不重量，心灵相契的朋友对人生的发展有非常关键的作用。陆羽生平留下的诗文极少，如果不是有许多朋友的诗歌记述，我们要了解他的资料就更少，他的性情与人格也就不会如此受到后

① 僮：同“童”，旧时指未成年的仆人。

世的崇仰了。苏轼在一生坎坷的仕途中，如果缺乏朋友的鼓励、安慰与相知，恐怕也无法在艰苦中安然度日，而写下不朽的诗文。

我们阅读文学史时会发现，同一时代杰出伟大的文学家都有深刻的友情，互相砥砺才产生了伟大的作品。我总深信，这不只是在文学上启发了我们，在友情上也有着很大的启示。

当我想念起一生中曾经启迪过我、鼓励过我、安慰过我的好品质的朋友，就有如在森林中孤寂的小径突然听到远方寺院传来的钟磬之声，或者听见空山里松子掉落的声音。猛然惊觉，呀！不是松子，也非钟磬，而是来自深深的相思。

茶歌与酒诗

我很喜欢白居易的一首短诗《问刘十九》：

绿蚁新醅酒，红泥小火炉。
晚来天欲雪，能饮一杯无？

勉强译成白话：我这里有刚酿成的还浮着绿色新鲜浮沫的酒，放在红泥的小火炉上温着。天晚了，好像要下雪的样子，你可以来喝一杯吗？

这首诗令人喜爱，一是它充满了颜色，绿蚁、新酒、红泥、火炉、白雪，构成了一幅温暖的画面。二是它的气氛雅致、欢喜，与中国传统的饮酒诗不同。中国传统诗词只要提到酒，都是愁绪满怀，不然就是慷慨激昂，充满激越的感情。白居易这首诗可以说是异数，我们从中看见了温馨的友谊。

或者可以这样说吧！这首诗的情意与境界更近于茶，我曾把这首诗改了两个字："绿蚁新焙茶，红泥小火炉。晚来天欲雪，能饮一杯无？"挂在墙上，朋友看了都很喜欢。

茶与酒的情意与境界显然不同，在中国传统诗歌里，酒与茶的地位悬殊。以《全唐诗》为例，几乎是酒气冲天，茶则很少受到歌颂。原因可能有二：一是酒本来就是催情剂，在情绪激化的时候，诗人当然会即兴写下诗篇；茶则反之，茶是清凉帖，在心平气和下，好像更适于无言。二是酒被称为“琼浆玉液”，是独立于生活之外的；茶则是生活中的寻常小事，又有什么好写的呢？

因此，历史上写酒的文学作品很多，写茶的很少。一旦有相提并论的，评价也相差悬殊。

清朝诗人张灿有一首《手书单幅》：

书画琴棋诗酒花，当年件件不离他。
而今七事都更变，柴米油盐酱醋茶。

很显然地把酒列为雅事，把茶列为俗事，而且排名在最后，可见茶的地位多么卑下。

甚至连宋朝的大文豪苏轼也不能免俗。苏轼是善于品茶的人，曾写过许多茶诗。不过，遇到酒的时候还是把茶的地位贬抑了。他曾写过一首《薄薄酒》：

薄薄酒，胜茶汤；
粗粗布，胜无裳；
丑妻恶妾胜空房。
五更待漏靴满霜，
不如三伏日高睡足北窗凉。
珠襦玉柙万人相送归北邙，

不如悬鹑百结独坐负朝阳。
生前富贵，死后文章，
百年瞬息万世忙。
夷齐盗跖俱亡羊，
不如眼前一醉，
是非忧乐都两忘。

薄薄酒真的会胜过茶汤吗？曾写过许多饮茶名诗的苏轼，在这里仿佛有反讽之意。苏轼有一首饮茶的名诗《试院煎茶》：

蟹眼已过鱼眼生，飕飕欲作松风鸣。
蒙茸出磨细珠落，眩转绕瓯飞雪轻。
银瓶泻汤夸第二，未识古人煎水意。
君不见，昔时李生好客手自煎，
贵从活火发新泉。
又不见，今时潞公煎茶学西蜀，
定州花瓷琢红玉。
我今贫病长苦饥，分无玉碗捧蛾眉。
且学公家作茗饮，砖炉石铫行相随。
不用撑肠拄腹文字五千卷，
但愿一瓯常及睡足日高时。

可见，苏轼是善饮茶的人，并且时常感慨向往挑着火炉和石铫，随时随地可以生火喝茶的自由生活，免得每天被五千卷诗文撑着不能清闲。他渴望着常常有茶可喝，并且睡到太阳高挂时才起床。

喝茶可以使人闲适，苏轼是说出茶的性情了。茶与酒虽然都是清闲的饮品，但却相映成趣，丰富了中国诗文的内涵。其实，两者在本质上是很不相同的，酒使人激情，使人亢奋，使人迷醉与幻想，使人忧愁，甚至使人丧身败德；茶则相反，茶使人冷静，使人沉思，使人清醒与真实，使人欢喜与清明，茶是那么透明、润泽、剔透，使人得到了与禅定相似的透明心，使人从现实的生活中超越，有了彼岸的联想。

这也是为什么酒诗到了最高境界与豪情相映，茶歌到了最高境界则与禅味相通了。

南宋诗人杜耒有一首名诗《寒夜》，最能抓住茶歌与酒诗的界限：

> 寒夜客来茶当酒，竹炉汤沸火初红。
> 寻常一样窗前月，才有梅花便不同。

在寒冷的夜晚，朋友来了是以茶相待好呢，还是以酒相待好？如果要静看窗前月下的梅花，当然还是喝茶好。此诗的后两句“寻常一样窗前月，才有梅花便不同”，后来成为禅宗开悟境界的描绘，这是茶带来的效果。假设喝的是酒，很可能是“但使主人能醉客，不知何处是他乡”了！

历代的大诗人都有饮酒的诗传世，其实他们有很多也写过饮茶的诗，只可惜不传于世。我们现在选几位大诗人的诗，让茶酒并列，且看茶歌与酒诗有何不同。就从诗仙李白开始吧！

月下独酌

花间一壶酒，独酌无相亲。
举杯邀明月，对影成三人。
月既不解饮，影徒随我身。
暂伴月将影，行乐须及春。
我歌月徘徊，我舞影零乱。
醒时同交欢，醉后各分散。
永结无情游，相期邈云汉。

答族侄僧中孚赠玉泉仙人掌茶

常闻玉泉山，山洞多乳窟。
仙鼠如白鸦，倒悬清溪月。
茗生此中石，玉泉流不歇。
根柯洒芳津，采服润肌骨。
丛老卷绿叶，枝枝相接连。
曝成仙人掌，似拍洪崖肩。
举世未见之，其名定谁传。
宗英乃禅伯，投赠有佳篇。
清镜烛无盐，顾惭西子妍。

朝坐有余兴，长吟播诸天。

饮酒的人，“醒时同交欢，醉后各分散”；喝茶的人，“朝坐有余兴，长吟播诸天”。其中的不同非常明显。李白不愧是名传千古的大诗人，不论写茶写酒都能使人心动。当我们读到“茗生此中石，玉泉流不歇。根柯洒芳津，采服润肌骨”时，是不是觉得全身畅快，口舌生津呢？

我们再回来读白居易的诗，除了前面引用的《问刘十九》，他也写过许多酒诗，在他的《长恨歌》和《琵琶行》里，光是写到酒和醉的就有十几处，像“醉不成欢惨将别，别时茫茫江浸月”“春江花朝秋月夜，往往取酒还独倾”“主人下马客在船，举酒欲饮无管弦”等等。我在这里选的是他的一首《对酒》，是抒写酒后的心情，还有一首《食后》：

对酒

蜗牛角上争何事？石火光中寄此身。
随富随贫且欢乐，不开口笑是痴人。

食后

食罢一觉睡，起来两瓯茶。
举头望日影，已复西南斜。
乐人惜日促，忧人厌年赊。
无忧无乐者，长短任生涯。

这饮酒与饮茶诗的意境是何其相似，可见问题不在茶酒，而在于心。善饮酒的人一定也善品茶，富贵、贫穷、忧愁、快乐有时是人无法做主的，是生命的外围事物，何不在喝酒时开心地喝酒，品茶时欢喜地品茶呢?

接下来，我们读杜牧的诗，杜牧被称为“小杜”，论者认为他的诗可以承继杜甫，我则觉得他的性情更近于李白的豪放潇洒。他作有许多酒诗，我们来看他的《遣怀》和《题茶山》:

遣怀

落魄江湖载酒行，楚腰纤细掌中轻。
十年一觉扬州梦，赢得青楼薄幸名。

题茶山

山实东吴秀，茶称瑞草魁。
剖符虽俗吏，修贡亦仙才。
溪尽停蛮棹，旗张卓翠苔。
柳村穿窈窕，松涧度喧豗。
等级云峰峻，宽平洞府开。
拂天闻笑语，特地见楼台。
泉嫩黄金涌，芽香紫壁裁。
拜章期沃日，轻骑疾奔雷。
舞袖岚侵涧，歌声谷答回。
磬音藏叶鸟，雪艳照潭梅。

好是全家到，兼为奉诏来。
树阴香作帐，花径落成堆。
景物残三月，登临怆一杯。
重游难自克，俯首入尘埃。

我们读惯了风流潇洒的杜牧的诗，再回首看他的《题茶山》，可以看出诗人也有静观自得的一面。“泉嫩黄金涌，芽香紫璧裁”，可以看到茶叶的珍贵，而赶着把新茶进贡的马骑，疾驰像奔雷一样。“舞袖岚侵涧，歌声谷答回。磬音藏叶鸟，雪艳照潭梅”，我每次在产制高山茶的茶区，想到这几句诗，就觉得更为亲切。“茶称瑞草魁”，是的，从杜牧的时代，茶叶已经是一切草里面最珍贵的了。

唐宋八大家里，比较严肃的是柳宗元，他的诗作中几乎没有提过饮酒的事。不过在他的名作《始得西山宴游记》里有一段，也可以当作诗文观之：

其高下之势，岈然洼然，若垤若穴。尺寸千里，攒蹙累积，莫得遁隐。萦青缭白，外与天际，四望如一。然后知是山之特立，不与培塿为类。悠悠乎与灏气俱，而莫得其涯；洋洋乎与造物者游，而不知其所穷。引觞满酌，颓然就醉，不知日之入。苍然暮色，自远而至，至无所见，而犹不欲归。心凝形释，与万化冥合。

从这段文字看来，陆游、苏轼的文风可能都受到柳宗元的影响。这一段也是唐朝散文极优美的一段：醉倒的诗人在西山顶上的夕阳余晖中，不想回家了，想象自己与万物合为一体，这可能是醉酒的最高境界了。

柳宗元是一位生活诗人，他被贬到南方时过的是农家生活，种柳树、种柑橘：

溪居

…………

晓耕翻露草，夜榜响溪石。

来往不逢人，长歌楚天碧。

比较不为人知的是，柳宗元不只自己种茶，还亲自焙茶、采茶。

巽上人以竹间自采新茶见赠，酬之以诗

芳丛翳湘竹，零露凝清华。

复此雪山客，晨朝掇灵芽。

蒸烟俯石濑，咫尺凌丹崖。

圆方丽奇色，圭璧无纤瑕。

呼儿爨金鼎，余馥延幽遐。

涤虑发真照，还源荡昏邪。

犹同甘露饭，佛事薰毗耶。

咄此蓬瀛侣，无乃贵流霞。

柳宗元自己采茶制茶，泡来喝了，觉得茶可以洗涤尘虑，使人发起真实的观照，还能令人去除昏沉之思回到本心。茶就像甘露，喝茶也像是经过佛事的熏陶，那看来不怎么样的山顶海边的植物，比流霞还要珍贵呀！

柳宗元写的“甘露饭”，使我想到在古代文学家笔下，味道甘洌、晶莹透明的露水称为“甘露”，有不可多得的意思。汉武帝为了每天喝甘露，甚至在长安未央宫内建造一座深入云霄的高台，上面放一个玉杯，“有铜仙人掌擎玉杯，以取云表之露”，称为“承露台”。汉武帝每天喝云上的露水，深信可以长生不老。

汉代的文学家东方朔因此把甘露称为“天酒”，说人只要每天喝五斗天酒，便能长生不老。屈原的《离骚》也如此咏叹过：“朝饮木兰之坠露兮，夕餐秋菊之落英。”

所以，善饮茶的人是多么幸福。如果能有好茶好水，每天都是在喝甘露、饮天酒，虽不能长生不老、羽化登仙，也可以身心轻安，有琉璃一样的思维。

唐朝诗人韦应物也曾写过许多饮酒的名句：“俯饮一杯酒，仰聆金玉章。”“欲持一瓢酒，远慰风雨夕。”“江汉曾为客，相逢每醉还。”我们选一首他的名诗《寄全椒山中道士》，再读他的《喜园中茶生》比较看看：

寄全椒山中道士

今朝郡斋冷，忽念山中客。

涧底束荆薪，归来煮白石。
欲持一瓢酒，远慰风雨夕。
落叶满空山，何处寻行迹。

喜园中茶生

洁性不可污，为饮涤尘烦。
此物信灵味，本自出山原。
聊因理郡余，率尔植荒园。
喜随众草长，得与幽人言。

诗人的心是多么细腻呀！因为感受到寒流来袭，想到山中的朋友，希望提一壶酒去安慰山中的朋友，于风雨中对饮。可是，空山满是落叶，要如何才能找到通往朋友居处的小路呢？他写茶，茶的性情纯净，喝了可以洗涤烦恼，而茶之所以有灵味，是出自山林的本质。“我随意种在荒草园里，没想到茶和草都长得很好，真是令人惊喜；这种惊喜只有细腻的人才会懂，也只有向细腻的朋友去说呀！”能够真心对待朋友的人，不论是饮酒喝茶都能细腻地待人，这是粗俗者万万不能理解的。写过名句“曲终人不见，江上数峰青”的唐朝诗人钱起，虽没有留下酒诗，但他有一首茶诗也为人传诵：

过长孙宅与朗上人茶会

偶与息心侣，忘归才子家。

玄谈兼藻思，绿茗代榴花。
岸帻看云卷，含毫任景斜。
松乔若逢此，不复醉流霞。

与已经止息烦恼的朋友，在才子的家里喝茶聊天，绿色的茶取代了艳红的石榴花，看着美丽的风景，如果有人逢此情境，便不会再被流霞所迷醉了。流霞，是黄昏变幻万端的晚霞，被认为是最美的景色，但与心灵高洁的道侣、有才华的朋友，品饮茗茶、谈玄论道相比，流霞之美实在不算什么了。钱起在这里说了一个重要的观点："好茶要和好朋友分享。"

唐朝另一位重要诗人刘禹锡，他的"杨柳青青江水平，闻郎江上唱歌声。东边日出西边雨，道是无晴却有晴"（《竹枝词》），以及"朱雀桥边野草花，乌衣巷口夕阳斜。旧时王谢堂前燕，飞入寻常百姓家"（《乌衣巷》），几乎爱诗的人没有不会背诵的。但是，刘禹锡留下一首很好的饮茶诗却少有人知道：

西山兰若试茶歌

山僧后檐茶数丛，春来映竹抽新茸。
宛然为客振衣起，自傍芳丛摘鹰嘴。
斯须炒成满室香，便酌沏下金沙水。
骤雨松声入鼎来，白云满碗花徘徊。
悠扬喷鼻宿酲散，清峭彻骨烦襟开。
阳崖阴岭各殊气，未若竹下莓苔地。

炎帝虽尝未解煎，桐君有箓那知味。
新芽连拳半未舒，自摘至煎俄顷余。
木兰沾露香微似，瑶草临波色不如。
僧言灵味宜幽寂，采采翘英为嘉客。
不辞缄封寄郡斋，砖井铜炉损标格。
何况蒙山顾渚春，白泥赤印走风尘。
欲知花乳清泠味，须是眠云跂石人。

我非常喜欢这首诗，刘禹锡一向以短诗传世，这首诗在他的诗作中算是巨作了，而他写饮茶的境界是那么优美，而且给茶叶极高的评价。例如，他说茶的香味悠扬喷鼻，可以使隔日的宿醉消散，能够全身清明、彻入骨髓、打开烦恼的胸襟（“悠扬喷鼻宿醒散，清峭彻骨烦襟开”）。

前面我曾提到屈原的“木兰露”典故，刘禹锡给茶的评价还胜过木兰露，他说木兰沾露的香只能与茶“微似”，而瑶草在水波上的颜色也比不上茶叶的好看。什么样的人可以品出茶的真味呢？那必须是睡在云上，在石头上写字题跋的人（“眠云跋石人”）。

这不仅是一首好诗，也为我们提供了许多唐代饮茶、制茶的证据：

一、采茶须采最嫩的“鹰嘴”，最好是春天的时候采。

二、炒茶烘焙的时候，要把茶叶分类，长在太阳下和阴影中的茶叶味道各不相同，最好的茶叶是长在竹子下面莓苔地上。

三、茶叶必须当日采、当时炒，炒的时间要短（“俄顷余”）。

从这首诗中，我们可以看到唐朝的饮茶文化已经非常完备了。

刘禹锡在西山兰若与和尚喝茶，还给我们提供了一个观点，中国的茶道和出家人关系非常密切。像陆羽是在寺院长大，由师父教他茶道；像从前最好的茶叶是寺里焙烘的；像紫砂壶最早也是由和尚制成的。但还有一个更重要的原因，是茶味与禅味相关，茶道与禅道相通。唯有生命境界高的人，才会在普通的茶里品到真正的滋味吧！

在唐朝，写茶的诗歌通常清明高远，但到了宋朝就有例外之作，茶烟里也有悲伤。陆游的诗一向豪放高迈，可是他的一首茶诗却很悲凉。我们和他的另一首酒诗来一起看：

一壶歌

长安市上醉春风，乱插繁花满帽红。

看尽人间兴废事，不曾富贵不曾穷。

渔家傲·寄仲高

东望山阴何处是？往来一万三千里。写得家书空满纸，流清泪，书回已是明年事。

寄语红桥桥下水，扁舟何日寻兄弟？行遍天涯真老矣。愁无寐，鬓丝几缕茶烟里。

仲高是陆游的堂兄，陆游在往来万里之外给兄弟写家书，显然是泡了一杯茶慢慢地写，写到信纸满了，想起接到回信已经是明年的事，不禁流下两行清泪。寄语红桥下的水，哪一天才能驾扁舟去找我的兄弟呢？走遍天涯的我真的老了，忧愁难以成眠，白发在袅袅的茶烟里飘飞呀！

可见，茶虽能解忧去闷，对相思的忧伤也是无能为力的。

到了宋朝，几乎所有的大诗人都善于喝酒饮茶，也都留下茶酒的诗歌。除了苏轼、陆游，我们现在来看看黄庭坚和杨万里。

寄黄几复

我居北海君南海，寄雁传书谢不能。
桃李春风一杯酒，江湖夜雨十年灯。
持家但有四立壁，治病不蕲三折肱。
想见读书头已白，隔溪猿哭瘴溪藤。

品令·茶词

凤舞团团饼。恨分破，教孤令。金渠体净，只轮慢碾，玉尘光莹。汤响松风，早减了二分酒病。

味浓香永。醉乡路，成佳境。恰如灯下，故人万里，归来对影。口不能言，心下快活自省。

黄庭坚是品茶的行家，到了晚年因为身体的关系不再喝酒，他在被贬到黔州路上写信给哥哥，曾说：“中年畏病不举酒，孤负东来数百觞。唤客煎茶山店远，看人获稻午风凉。”可见喝茶喝酒都是人生中很好的品位，如果光从身体的健康方面来说，茶是胜于酒的。

宋朝诗人杨万里可能与酒无缘，他的诗充满禅趣，却没有提到饮酒的情景。我们选一首他的茶诗：

陈蹇叔郎中出闽漕，别送新茶。李圣俞郎中出手分似

…………

鹧斑碗面云萦字，兔褐瓯心雪作泓。

不待清风生两腋，清风先向舌端生。

宋朝饮茶风气盛，所以写茶的诗歌很多。在比例上，唐代诗歌中茶只偶尔出现；到宋代，每一诗家都有茶诗，也可看到茶已真正进入生活了。宋代的大学者、理学家、大诗人朱熹也喜饮茶酒，这可能是一般人不知道的。我们来看他写酒和写茶的诗：

醉下祝融峰

我来万里驾长风，绝壑层云许荡胸。

浊酒三杯豪气发，朗吟飞下祝融峰。

茶灶

仙翁遗石灶，宛在水中央。

饮罢方舟去，茶烟袅细香。

朱熹曾经长时间隐居在武夷山五曲隐屏峰下，筑“武夷精舍”。武夷自古就是有名的茶乡，居住其间的朱子爱喝茶，也是很自然的事。

另一位宋朝诗人林逋曾写过“众芳摇落独暄妍，占尽风情向小园。疏影横斜水清浅，暗香浮动月黄昏”（《山园小梅》）的名句。他认为，只要能沉醉于美好的生活，就可以“不须檀板共金樽”，不用饮酒也可以醉了。我们来读一首他的饮茶诗：

烹北苑茶有怀

石碾轻飞瑟瑟尘，乳香烹出建溪春。

世间绝品人难识，闲对茶经忆古人。

我们从唐宋诗人的茶歌酒诗里，能品味到心灵的想象与飞扬，并不必一定有什么丰功伟业，而是要从生活的近处着手。当然，喝酒喝到豪气干云，心怀磊落，那是好的；一旦喝到“举杯消愁愁更愁”“但愿长醉不愿醒”就很可悲了。

茶就没有这些问题，茶不但能助诗兴，也可以起禅心，这就是历代禅宗寺院里都有品茶习惯的原因。

茶酒原非一家，茶可多饮，酒宜少酌；茶使人清明，酒令人昏沉；茶使人平静，酒令人亢奋；茶出尘，酒入世……

近些年来常在媒体上看到台湾同胞纵酒的情形，假酒横行，昏人满路，喝最昂贵的酒，行最低俗的事，令人痛心。在古代，吴王孙皓就常以茶宴招待群臣，到了东晋陆纳看到当时的世风奢侈，力倡以茶果宴代酒宴，以挽救社会人心。唐朝的时候，茶宴盛行，天子庶民都很喜欢，参加茶会的人赏花、吟诗、听琴、品茶、清谈，成为当时的社会风气，对文化艺术的提升有很大的功效。

宋朝除了茶宴茶会，还加上焚香、点茶、挂画、插花等。

今日社会的奢侈之风犹胜于东晋，所以我们应提倡淡雅、简朴、有文化的生活。以茶代酒可能是一个好的开始，因为我见过善喝酒的人，喝了酒还有文化的很少；而善品茶的人，不但都有文化，还懂得生活。

茶心与禅心不二，曾与茶圣陆羽为至交的皎然和尚就是品茶的高人。他曾与陆羽饮茶后写下“九日山僧院，东篱菊也黄。俗人多泛酒，谁解助茶香”的名诗。

皎然甚至认为，饮酒的人多自私，而饮茶到了很高的境界就能得道，不需要苦心去破烦恼了。最后，我们来细细品味皎然的《饮茶歌诮崔石使君》。在读这首诗时，最好先去泡一杯好茶来配吧！

越人遗我剡溪茗，采得金芽爨金鼎。
素瓷雪色缥沫香，何以诸仙琼蕊浆。
一饮涤昏寐，情来朗爽满天地。
再饮清我神，忽如飞雨洒轻尘。

三饮便得道，何须苦心破烦恼。
此物清高世莫知，世人饮酒多自欺。
愁看毕卓瓮间夜，笑向陶潜篱下时。
崔侯啜之意不已，狂歌一曲惊人耳。
孰知茶道全尔真，唯有丹丘得如此。

第二章　人间奇香

在我们的生命里不也有许多香片吗？一片又一片，对粗糙的人，飞入了芦花都不见；对细腻的人，如好雪片片，每一片落下来，都滋润了我们的心。

新鲜的桂花茶

邻居的太太为了桂花的事来问我，因为她种在屋顶花园的桂花开了满园，晚风一吹飘落满地，非常可惜。

“我记得林先生在一本书里提过桂花酱的事，不知桂花酱怎么做?”

于是，我把自己做桂花酱的秘方告诉她：先把盛开的桂花采下，在玻璃罐中放满半罐；然后把酸梅的肉剥下，撕成片片，放入桂花罐中；最后以蜂蜜倒满罐子，用蜡密封，十天后就可以食用，而且越陈越香。

这做桂花酱的方法是从前住在木栅兴隆山庄时，邻居教我的。当时，我家的院子里种了四株高大的桂花树，秋日桂花盛开时，我就以做酱为乐。

酿好的桂花酱，用处很多，可以涂面包馒头，可以蘸梅、桃、李、草莓，也可以当菜的佐料。不过，我最喜欢加冰水，坐在院子看远方的山，然后细细品尝那甜蜜中带点酸楚，芬芳里散发清雅的滋味。我搬离木栅后就再没有做过桂花酱，人远事遥，也失去当年的心情了。

我对邻居太太说：“我也很久没有尝到桂花酱了，如果做成了，分一点儿给我。”

十几天以后，邻居太太送我一罐桂花酱。我取出少许，泡了一杯冰水，坐在阳台上，从前木栅院子的那株桂花好像还魂了，香气穿越好似时空和整个城市都流了过来，暗香浮动，惊鸿照影。

邻居太太做的桂花酱比我做的更好，可能是她种的桂花比较肥大而芳香，也可能是女性的手巧心细，或者是我太久没有尝到此味，加倍地欢喜与期待，增加了桂花酱的美味吧！

过几天，邻居太太又来找我，依然是问我桂花的事。

她说："林先生，我在你的书上看过桂花茶，我把桂花采下，晾干后和茶叶一起泡，怎么完全没有香味呢？"

我说："桂花不能晾干，一晾干香气就飞走了。你要用新鲜的桂花，以三比一的比例放在茶罐里，因为茶叶会吸取桂花的香气，桂花自然会干去，这时泡了就是桂花茶了。"

一边讲，我还一边想在哪一本书里曾写到桂花茶，一时还想不起来，邻居太太已称谢而去。

几日后，在楼下的中庭相遇，她开心极了，说："还是新鲜的桂花才对呀！"

中秋过后不久，邻居太太到我家喝茶，带来一整罐满满的桂花，她说："这是今年秋天最后一批桂花了，我采了一个早上，拿来送给林先生。"

我打开罐盖，满座的朋友皆为之惊呼，那桂花的香气完全没有隐藏地泄了出来。我们当场就把这中秋最后的桂花和着今年初春的乌龙泡来喝了。桂花乌龙不只是茶香味美而已，还有一种细腻温润。漂浮在壶面的桂花，仿佛还活着，那样晶莹，那样明亮。

虽然我们整个夏天到秋天都在谈着桂花的事，但有比桂花酱更好喝的，那是人的心情；也有比桂花茶更香的，那是人间的情谊。这世间，争名逐利的人很多，但能在身边事物（小如一朵桂花）中找到清欢的人也不少呀！

我想到苏轼有一首词：

於潜僧绿筠轩

宁可食无肉，不可使居无竹。无肉令人瘦，无竹令人俗。人瘦尚可肥，士俗不可医。旁人笑此言，似高还似痴。若对此君仍大嚼，世间那有扬州鹤？

苏轼在这里用了“扬州鹤”的典故，传说从前有四个人聚在一起，谈起自己的心愿。

一个说：我希望做扬州的刺史。

一个说：我希望做腰缠万贯的富翁。

一个说：我希望骑仙鹤做仙人。

最后一个说：我愿腰缠十万贯，骑鹤上扬州。

因此，“扬州鹤”就被当成是奢望的象征。在生命的选择上，我们在物质方面可以瘦一点儿，却不要成为俗气的人。我们不必腰缠十万贯，只要衣食无虑、平安康宁便好；我们不必骑鹤上扬州，能饮到厝边隔壁亲种的桂花茶，人生就够幸福了。

今年的桂花都采尽了，今年的桂花茶也饮完了。秋日已尽，不必挂怀，我们已在心里埋下桂花的种子。“风波不信菱枝弱，月露谁教桂叶香。”明年的桂花一定会和今年一样香，明年遇到的人一定比今年更好。

莲花香片

从前阳明山的白云山庄有人卖兰花茶，是把整朵的兰花放在茶碗里，泡好的茶水冲入碗里，艳红的兰花衬底，黄澄澄的茶水在花上更是清明。那兰花的香味几至微不可辨，但以美色取胜，只要看到那朵兰花，就为之动容。

在建国花市，偶尔也有教人用玫瑰花泡茶的。他们的泡法特殊，茶泡在壶里，抓一把玫瑰花瓣放在茶水中，黄、红、白的各色玫瑰就在水中漂浮，看着就很欢喜。

所有新鲜的花瓣都可以这样泡。像泡茶时，抓几朵茉莉或菊花放进壶中，冲出的就是茉莉花茶和菊花茶。

外国人喝花茶也不逊于我们。有一次我到加拿大温哥华南部的维多利亚岛，岛上有一座著名的布查德花园。花园商店里就有数十种他们自配的花茶，这花茶的特别之处是它没有茶叶，全是花。我买了几包回来试喝，滋味清甜，在清晨喝起来，一点儿也不输给茶呢！

我虽喜欢饮纯茶，但也不排斥花茶。偶尔在台北的小巷中发现一些有特色的茶坊，总会试试他们的花茶。在茶楼里，我也爱喝菊花普洱，因为茶馆中的茶是比较劣质的，加点菊花提味，较温润入口。

菊花普洱泡法很简单，就是普洱茶与杭菊一起泡，如果有很好的杭菊和百年普洱，滋味也非常香沉。

中国饮用花茶很早，至少是在宋朝就有了。宋朝诗人黄庭坚写过《煎茶赋》，说到当时喝的茶“不夺茗味，而佐以草石之良”。那时候加在茶里的东西有胡桃、松果、罗汉果、银杏、薄荷、香草、苏桂、甘菊等，当然不是全加，而是单独使用。在献给皇上的“小龙凤团茶”里，甚至放入“龙脑”①。

其实，把茶当药用，在茶里放作料加味，年代还更早。陆羽的时代，人们煮茶时就用姜、葱、橘皮、茱萸、薄荷加味。李时珍在《本草纲目》里也列出许多以茶加味的古方。例如，姜茶治痢疾；茶和川芎、葱煎服，可治头痛；茶和茱萸、葱、姜煎服，可以助消化，理气顺食。

明朝的时候，喝花茶的风气更盛，文人雅士往往自制花茶。根据屠隆的《考槃馀事》记载，当时用来制花茶的花有梅花、玫瑰、茉莉、蔷薇、兰花、木樨、菊花、木香、栀子等。制法是，在这些花开时，采含蕊半放、香气未散的花，去掉枝蒂、灰尘和虫子，然后与茶叶的比例是三比一，因为“花多则太香，而脱茶韵；花少则不香，而不尽美。”一层花、一层茶地放入瓷罐，装满后，以纸或竹叶扎牢，放入锅中用水煮，一沸即起。取出花茶，以纸裹封，放在火上烘焙直至干燥，就完成了。

但是，屠隆也说到，上等的茶叶是不用做花茶的，因为“凡饮佳茶，去果方觉精绝，杂之则无辨矣！”品质稍差的茶，

---

① 龙脑：抹香鲸的肠道分泌物，在中国古代被认为是“龙的唾液”，素有“天香”“香料之王”等美誉，堪称奇珍异宝。

放点花果，则风味更佳。

制作花茶最离奇的要算元朝大画家倪云林了。据明代顾元庆编的《云林遗事》记载他做莲花茶的过程：“就池沼中，早饭前，日初出时，择取莲花蕊略破者，以手指拨开入茶，满其中，用麻丝缚扎定，经一宿，明早连花摘之，取茶纸包晒。如此三次，锡罐盛，扎以收藏。”

清晨太阳刚露脸的时候，到莲花池择取那花苞刚开的莲花，用手指拨开，把茶叶放满莲花里，用麻绳绑好。第二天连莲花摘下来，用茶纸包着晒太阳。这样做三次，莲花茶就制成了。

读起来是不是匪夷所思？但如果家里有莲花池，又有闲工夫，说不定可以试试。

依照我的经验，茶叶有吸味性，也有亲味性，因此做花茶不难。有时，我把香味强的水果像苹果、杧果，放在茶叶罐里两三天，茶里自然有了果香，气味就不同了。

清代的人把所有的花茶都叫“香片”，取得真好。光是想想莲花香片的清芬，玫瑰香片的淳美，兰花香片的雅致，就使人心情为之飘飞。

在我们的生命里不也有许多香片吗？一片一片又一片，对粗糙的人，飞入芦花都不见；对细腻的人，如好雪片片，每一片落下来，都滋润了我们的心！

好茶固然香醇，品饮的人也很重要，如果没有善饮的朋友，好茶也是枉然。倪云林（1301—1374），名瓒，别号尚有沧浪漫士、荆蛮民、幻霞生、曲全叟等。无锡（今属江苏）梅里镇人。

父早故，兄昭奎抚养成人，有洁癖，好藏古书字画，居清閟阁，人称“倪迂”，善画平远萧散景色。流落太峻一带二十年，明太祖时被囚，锁于粪桶上，释放后病死，有《倪云林先生诗集》。属于逸品画家，与黄子久并称，为“元四家”之一。住在无锡惠山的时候，他自制了一种清泉白石茶。清泉是惠山泉，白石则是用核桃、松子去壳去皮，取其肉捣烂和上面粉，做成一块一块，色乳白，与茶水煮饮，称为“清泉白石茶”。

倪云林很珍爱自己的清泉白石茶，只用以招待有风骨的雅士，不轻易待客。

有一天，一位南宋的遗老皇室宗亲赵行恕，因向往倪云林的品行学问，特来拜访。倪云林以为他是不苟合于世的雅士，特以清泉白石茶招待，但赵行恕一口喝完，竟连一句赞美的话都没有。

倪云林很不高兴，说：“吾以子为王孙，故出此品，乃略不知风味，真俗物也！”当场下逐客令，从此不再相见。

倪云林自号净名居士、朱阳馆主、萧问仙乡，能诗善画，以天真幽淡为宗，广交天下名士，唯独不与俗人来往。张士诚造反称王之后，一直想结交他，他不屑，张士诚于是派兵缉捕他，但倪云林穿着粗衣布服混杂在乡野人民中，不知所终。

一个人在茶里有品位，自然对生活有品位；对生活有品位者，自然对生命节操有品位，倪云林似乎让我们看到一点端倪。

倪云林死去已经六百多年了，但想起他发明亲制的莲花香片，清香仿佛依旧在。唉！不仅喝花茶的人要比花有味道，制花茶的人若人格与风格比花更香就好了。

菊花普洱

人生也应如是，沉苦时要加一点清凉的菊花，激越时要加一点内蕴的普洱；在苦中犹有向上飞扬的心，在乐里不失去敏锐深刻的态度。这样，生命的茶才能越陈越醉，越泡越香。

现在不管在哪一家茶楼饮茶，都有菊花普洱茶。我常常在喝菊花普洱茶的时候想，第一位把菊花加在普洱茶里的人一定是生活艺术家，因为它们是花茶中的“最佳拍档”。普洱浓沉，菊花清淡；普洱涵蕴内敛，菊花香气清扬；普洱好像大户人家的厚墙高瓦，菊花则是墙内变化万千的花园景致。

普洱茶一般指的是云南的茶，云南的思茅北边有一座县城叫普洱，清朝的时候叫普洱府，当地产的茶就称为普洱茶。清朝在皇宫里有夏天喝龙井、冬天喝普洱的传统，皇族喝的普洱是将茶叶放入银壶，以玉泉山的水合煮，加牛奶饮之。

清室皇族都来自满洲，早就以奶茶为饮料，入关以后，自然带来这种习惯。可能由于中国人对“皇帝”的崇仰，普洱茶也随之跃升为中国的名茶。并且，普洱也不再是专指地名，而是所有经过二次发酵的熟茶，都称为普洱茶。

在普洱茶还未成为“名茶”之前，南方的百姓把它当药喝。

人们认为它有“解油腻、利肠通泻、醒酒、消食去胃胀、生津、疗喉痛，和以姜汤能发汗治伤风”等功效，所以茶摊出售的药茶都以普洱茶为原料，甚至大家最熟知的茶叶蛋也是用普洱茶。

可能也是药效的缘故，清皇室才会把它当成冬天专饮的茶。根据《云南志》的记载，唐代时，普洱当地的居民就采茶叶与椒、姜、桂等香辛植物合煮而饮，当时的茶是生叶，显然就是当药来用的。

至于夏饮龙井、冬饮普洱，那是因为绿茶是凉性，红茶是温性的。龙井使人轻身凉快，普洱则令人暖身增热，若再加椒、姜、桂、奶酥等，效果就更好了。

一般的茶叶都是越新越好，宋代唐庚在《斗茶记》中说：“吾闻茶贵新，江井水贵活。”唯有普洱茶是例外，贮放越久越醇美，因为贮存过程由霉菌产生霉气，加上陈化所生的陈气，形成自然的陈香。

我曾喝过云南的百年普洱，其味甚奇，令人久久难忘。

普洱茶还有一个特色，就是茶味重，耐久泡。如果要做花茶，有什么花可以相匹配呢？

最配的当然是甘菊了。据《群芳谱》的记载：“甘菊，一名真菊，一名家菊，一名茶菊。花正黄，小如指顶，外尖瓣，内细萼。柄细而长，味甘而辛，气香而烈。”《菊谱》中记载：“凡菊叶皆深绿而厚，味极苦，或有毛。唯此叶淡绿柔莹，味微甘，咀嚼香味俱胜，撷以作羹及泛茶，极有风致。”

由于菊花的滋味甚美，所以古来早就有菊花茶。其中虽然没有茶叶，却是中国传统的药茶，据说可以清除体内的晦气，滋肺润胃，常饮可使人长寿。

菊花加普洱，不只是个性上绝配，味觉与视觉也是绝配，有一种均衡优雅之美。

我们的人生苦乐参半，或清或浓，不也是这样平衡与调和的吗？

我一直认为人的灵明与欲望是在一个天平上，完全断除欲望，过着完美灵明的生活，是一般人难以臻至的境界；但使天平的两端均衡，也并非艰难。可惜，一般俗人的生活是欲望重而灵明低，灵台不清的人要真正品味生活是不可能的。

不只灵明与欲望如此，身心康宁也是平衡与调和的结果。

有一次我因为生病无法工作，去看医生，与医生朋友谈天，我问他："什么样的人才算是病了？"

他说："不能工作，不能爱，不能快乐，就是生病。"

我听了心头一震，从此觉得每天都能工作、能爱、能快乐是值得感恩的事。

在寒流来袭的夜里，自己泡一杯菊花普洱茶，品味平衡调和的滋味，觉得人生也应如是。沉苦时要加一点清凉的菊花，激越时要加一点内蕴的普洱；在苦中犹有向上飞扬的心，在乐里不失去敏锐深刻的态度；这样，生命的茶才能越陈越醉，越泡越香。

不一定要百年普洱，不一定要杭州甘菊，茶楼里随缘喝的菊花普洱，就蛮好了。

若兰茶酒

若兰庄主一直在茶馆忙进忙出，为了做一些特别的菜来招待我们。

最先端出来的是一盘茶叶炒蛋，做法是把泡了两泡的茶叶捞起，切碎了与蛋同炒。因为是上好的金萱乌龙，色泽墨绿，不只颜色好看，香味也清远。

为了能让我们品出茶叶炒蛋的滋味，第二道上桌的菜也是炒蛋，是鱼腥草炒蛋。鱼腥草是乡间常见的野草，生的时候腥不可闻，一进锅好像起了化学变化，一股魅人的浓香，在炒蛋中流窜。

与茶叶相比，鱼腥草像是化了浓妆的艳妇。

接下来上桌的是一盘清鲜的竹笋，是今晨才从后山的园中挖来的。若兰庄主说明，后山种了很多竹子，由于采茶的工资较高，工作也轻松，已经不太有人愿意去挖竹笋了。

我一向嗜吃竹笋，觉得春天的嫩笋滋味还胜过水梨。特别是种在海拔一千米以上的竹笋，仿佛也带着自然的灵气。

然后，上桌的是一盘昭和草。昭和草是我们小时候常吃的野菜，据说是日据时代从日本引进的，生长快速，是战争时家家都吃的野菜。我们乡下人讨厌“昭和”这两个字，所以都叫“山茼蒿”。但不知道为什么，瑞里山上的山茼蒿特别美味，可能是水土的关系。我从前听说，不管什么青菜种在高冷地上总是比较甜美，是因为气候、水质好，而且没有虫害的关系。

庄主又端来几盘花生、豆腐乳等小菜，还有一坛她亲手酿制的梅子。那梅子已有酒味，像是还包藏着今年醉人的春天。

小菜都上齐了，若兰庄主说："还差一瓶好酒。"

"我不喝酒的。"我说。

庄主说："无妨，这酒是自己酿的，只有酒味，没有酒精。"

于是，提来一坛用今年冻顶春茶酿的茶酒。那酒色枣红，非茶非酒，茶香穿过酒香，浑成一气。无以名之，称为"若兰茶酒"，好像饮酒的人最好襟前别一朵兰花。

茶叶无法发酵做酒，若兰茶酒又是怎么做的？

"是选用最好的小米，发酵、蒸馏，做成小米酒，然后以酒泡茶，待茶香入酒之后，把茶叶捞起，将酒封存，即成茶酒。"庄主说。

座中有一些人不擅饮酒，庄主的弟弟纯喜拿来他的冷泡私茶。私茶是私房茶之意，冷泡则是以冷水泡茶。

"也是选用最好的春茶，泡在一壶冰水里，放在冰箱泡一个半小时以上，然后把茶叶捞起，就是冷泡茶了。"叶纯喜说。纯喜是十分俊秀的青年，就像他的名字一样，当他很认真地说一件事情时，往往让人感觉到开心。

说是一般人只知热泡茶，其实冷泡茶的滋味更鲜美，营养不会流失，夏天喝比任何饮料都好。

那冷泡乌龙的冷香，几乎是难以形容的。那种香，是"暗香浮动月黄昏”的暗香，“占尽风情向小园”；是“嫣然摇动，冷香飞上诗句”的冷香，翠叶吹凉，玉容消酒；是“零落成泥碾作尘，只有香如故”的恒久之香，一寸就有千万缕。

喝冷泡茶的时候，座中非常非常地沉默，因为这种清香需要非常专心地品尝。

纯喜发现他的一泡茶技惊四座，更是开心不已。

若兰庄主说：“明天我也来做一壶小叶冷水花茶。”

小叶冷水花并非茶叶，而是蔓生在山坡的野生植物。它必须用小火熬炼，以冰糖提味，直到颜色玄黑才关火。听说可以生津止咳，是保护声带最好的饮品。

我们在空山中喝茶谈笑，到半夜才散。夜里在小木屋中，万里云山全部沉寂，只有初秋时分的凉风，从石桌和奋起湖那个方向吹来。

听起来，若兰山庄好像是武侠小说中的场景，其实不是。这是现代化的山中客栈，只是去的路上，山林沉静，道路回旋，真的像是武侠小说中高士的居处。

若兰庄主也非古人，是经营着可以住六百人旅店的女企业家。她的名字就叫叶若兰，只是任侠乐观，颇有古风古意，是那种在她的旅店里住过一夜，永远难以忘怀的女主人。

若兰山庄位于上阿里山和草岭的中途站瑞里，左是梅山，右是奋起湖，是得天独厚风景秀丽的地方。1963 年，叶老先生提供自己的小屋给到草岭或阿里山的登山者休息之用，把六个孩子养大。其中的二女儿若兰自幼年就立下志向，要住在山上，并且将父亲的小屋扩建为山庄。

于是，叶若兰带着弟妹垦荒拓土，开道路、种树木、盖山庄，在1971年开始对外营业。不久之后，叶若兰嫁给来山里的游客李南辉，然后弟妹纷纷嫁娶，都是与游客结姻缘。

若兰说："我们五姊妹全部嫁给游客，唯一的弟弟也是娶了游客，可见若兰山庄的服务有多热诚。"

更奇特的是，这些做了"若兰女婿"的游客，最后都把城里的工作辞去，举家迁居到山上。不只没有赔了女儿，还赚了女婿，可见若兰山庄的风景不是等闲。

小弟纯喜颇有乃姊之风，不仅是泡茶高手，制茶、烘焙也是一绝，已经成为当地制茶名家，茶罐上都打着自己的旗号。

熟悉的人都称叶若兰为"兰姐"或"若兰庄主"。她每天从清晨到深夜，总是精神饱满，满面笑容，一个人"校长兼敲钟"二十几年，还能如此乐天喜悦，也是少见。

清晨，她带着游客沿山径散步，向大家介绍珍稀的昆虫和满地的野菜。她像是魔术师一样，凡是手所指到之处，全是非常珍贵的。例如，牧草的茎十分甜美清凉，蕨菜的球根可以解渴，赤查某的草叶可以煮味噌汤，金针花的嫩茎可以清炒，洋洋大观。

她说最近有个心愿，希望办个"野生植物调理营"什么的，早上带游客入山自己采野菜回来料理，让都市人认识什么才是自然健康的食物。

夜里，她则在若兰茶馆里为游客示范泡茶，教人品茶。石卓、瑞里、梅山一带，近些年来茶名鼎盛，喝茶的人多，懂茶的人少。身为若兰山庄的庄主以推广瑞里的好茶为己任，因此这每天的茶艺课，都是义务的。

她这样日夜地忙了二十几年。回想起二十年前的情景，每次到山下买菜走回客栈就要走四个半小时。如果坐阿里山森林火车到奋起湖站，要走一个半小时才会到瑞里，就这样块砖片瓦地带上山来。如果不是远大的理想与对瑞里故乡的热爱，若兰山庄是不可能被完成的。

在台湾南北，山上、海边，我时常会见到叶若兰这样响当当的人。他们有坚持理想的勇气，他们有迈向完美的魅力，他们有情有义，有心有梦，是真正可以和这“婆娑之洋、美丽之岛”相匹配的子民。

我们依依不舍告辞的时候，若兰庄主追了出来，送给我一瓶小叶冷水花茶，使我深受感动。

在车上，我细细地品味着那熬成墨绿色的小叶冷水花茶，芳香甘美。我摇下车窗，让穿过相思林与桂竹林的凉风吹拂。我想到清晨推窗时，看到若兰山庄对面的长山的情景，在这雄浑的山林中，总有一些胸怀高远、格调清奇的人呀！

感觉到风里有心有梦，而山林也有情有义。

酢浆草茶

我的屋顶菜园里种了几丛酢浆草，那是因为我喜欢酢浆草的滋味，常常拿来做菜。

煮汤的时候，把酢浆草切段，起锅时抓一把撒下去，既有香味，又是天然的醋料。

吃沙拉的时候，将酢浆草切碎了，调在橄榄油里，就是很好的法国酱。

酢浆草也可以当生菜沙拉，一株一株摆在盘中，调一些美奶滋，就是人间的美味。

虽然吃酢浆草的感觉很好，但是酢浆草长得太快了，等我想起的时候才发现整个菜园已被酢浆草淹没了。想是春雨滋润的缘故，凡有泥土的地方都长满了酢浆草。

我想到，如果要清除这么多的酢浆草，一定要花费一整天的时间，不如过几天更空闲的时候再来清除。

又过了几天，等我打开屋顶的门时，却大吃一惊：因为几乎所有的酢浆草都开花了，一大片小紫花连绵不绝，真是美极了。另一种酢浆草是开嫩黄色的小花，点缀在紫花中的小黄花，使那美中还有着神奇。

从前这些酢浆草也开过花，只有少数几朵，因此没有这种美丽的气势；现在仿佛一夕之间万紫千黄，才使我忍不住为之震动。

想拔除酢浆草的想法，完全被酢浆花的美丽化除了。

接下来的日子，只要有空，总会去欣赏那些酢浆花。它们不只多姿多彩，也肆无忌惮，把小白菜、青康菜、芹菜的菜苗都淹没了。

有一天，一个乡下的朋友来访，看着那些酢浆草，沉思了一下，说：“你为什么不用来做酢浆草茶呢？”

酢浆草茶？这还是我第一次听到呢！

朋友说，把酢浆草的茎叶花果拔起来洗净，与冰糖同放在锅中熬煮约半小时，然后把酢浆草的渣滤除，就是酢浆草茶了。

“好喝吗？”

“非常好喝，滋味很像酸梅汤或柠檬茶，却是无法形容的。”

朋友还说酢浆草茶与青草茶在夏天是一样好的饮料，喝了会“心凉脾肚开”，而且对于经常说话演讲的人可以“清喉咙、润肺管”，不会输给川贝枇杷膏。

朋友告辞以后，趁着黄昏，我拔了一部分酢浆草花，与冰糖熬了一大锅酢浆草茶。滋味果然鲜美殊异，那酸中带着一点草的清气，与橘子、柠檬、酸梅都大有不同。我把它装瓶冷藏，一方面用来保护喉咙和肺管，另一方面款待朋友，让他们心凉脾肚开，喝过的人没有不赞美的。

一天，天气太热，我的大堂姐匆匆跑来找我，我看她满头大汗，就倒了一杯冰镇的酢浆草茶给她。

她啜了一口，眼睛发亮地问我："这是啥？"

"酢浆草茶。"

"呀！是盐酸仔茶啦！已经有五十年没有喝到这种东西了。"

"大姐喝过这种东西吗？"

"岂止喝过，我们小的时候天天喝啊！"

原来，大姐生长在日据时代，当时生活艰苦，物质匮乏，经常采撷野外植物来食用，酢浆草茶就是当时常喝的饮料。以后就少有人喝了，我生得太晚，才会那么稀罕。

听了大姐的话，我大感意外，像酢浆草茶这么好的饮料，竟然失传。今天，我们却喝着充满惰性与酸性的可乐、汽水、沙士，对健康的伤害实在太大了。

从食物的属性来看，凡是酸性天然食品都是悦性、碱性的食物，而甜的人工食品都是惰性、酸性的食物。一个自然健康的人，身体应该是弱碱性的，也应该摄取碱性食品，远离酸性食品。这样，我们的内脏才能净化，废物的排除也才能快速、彻底，保持身心的健康。

这几年，台湾的传统茶饮大为风行，甚至做成易拉罐饮料，像乌龙茶、绿茶、包种茶、杜仲茶、枸杞茶、洛神花茶、青草茶等，使我们的孩子重新认识了古典茶饮的美好。我想，像充满台湾乡土气息的酢浆草茶，也是值得提倡的吧！

在夏日，天气一天热过一天。我时常在黄昏时分，端一杯冰镇的酢浆草茶，看着烟尘滚滚的城市，感觉着这世间的神奇。

小小的一株酢浆草，却能涵藏着清凉美妙的滋味；能心安地坐在阳台，喝自己亲手种植、熬煮、调制的酢浆草茶，也饱含着深刻难得的幸福。

望向西北面的山峦，观音山与阳明山的界线，在宝蓝的天空下曲折温柔，使我想到智慧第一的文殊师利菩萨“遇缘则有师”。不论因缘美丽如花，渺小似草，刺人如同荆棘，都能使我们得到新的体验与启示。

有一次，文殊菩萨对大众说法，谈到一切因缘都是老师，他把善财童子叫起来：“善财，不是药的草，采一株来！”

善财绕了几圈，空手而回，对文殊菩萨说：“大士，无不是药的草。”

文殊说：“那么，是药的草，采一株来！”

善财就地一拈，说：“大士，是药的草采来了。”

文殊菩萨乃举草示众，三复斯言：“善哉！善哉！遍天下无不是药的草。”

走遍天下再也找不到一株不能做药的草，天下不生无用的草。推而广之，世间也不生无佛性的众生，在人与人、人与事物的相逢中，也没有不能启发智慧的因缘。

文殊师利菩萨以如此广大的心看世界，成就了无上的智慧，永不失去纯真的心，而得到妙德、妙乐、妙吉祥；在逆缘逆境中不失清凉，创造了“离尘垢心世界”，是南方净土中最金碧辉煌的宝真世界。

从一株酢浆草想到文殊师利菩萨，由一杯酢浆草茶思及生命的种种因缘，人人都渴望得到终极的幸福，却忽视脚下那可能是幸福之药的小草，终致绕室三圈，空手而回。

假如能就地弯腰，遇见了一株小草，又在因缘的历程中饱受磨炼与波折，就能体会到：生命的幸福不必究竟终极、一时俱至、圆满俱足，只要一天里能品尝一点儿幸福的滋味，也就足以承受这以苦为本质的人生了。

来！来喝一杯酢浆草茶，世间至酸的草，加一点儿冰糖，就变得多么美味可口。

人世里最酸的因缘不也是这样吗？对幸福的向往正是冰糖，多加一点儿，横逆与酸楚也就得以转化了。

冷泡银针

我非常反对喝市售的饮料，因为这些饮料大部分对健康无益，而且不能解渴。

但是，到了夏天，孩子喜欢喝冰的饮料，唯一的方法是自己制造。买新鲜的水果来打果汁，或者自己到青草店买青草煮仙草茶，但是制造起来很麻烦。

泡茶是个好方法，可是孩子不爱喝热茶，何况茶遇热水，过了时间就会因氧化而苦涩。

在夏天的时候，我最常做的就是冷泡茶。

冷泡茶的方法很简单，抓一把新鲜的绿茶放到矿泉水瓶里，夜里置入冰箱，经过一夜的浸泡，第二天冷茶就泡好了。当成早餐后的冷茶，使身心清凉甘美，感觉自己仿佛是茶园里的一株茶树，正受到夜间甘露的清洗。

然后，用保温壶装满一罐，带去爬山。到了山顶上，晨阳暖照，满身大汗，喝一杯带着霜气的冷茶，会觉得人生的幸福莫过于此。

冷茶的做法再简单不过，但茶叶要特别讲究。大致而言有四个原则：一选新茶，不选老茶；二选生茶，不选熟茶；三选好茶，不选劣茶；四以矿泉水浸泡为好，不用自来水泡。

新茶是指当年的春茶，因为只有当年当季才能喝出茶叶的香醇滋味；老茶则味陈气旧，用热水泡之还可，冷水就会失味。

茶的生熟是以烘焙作判断的，生是青，熟是红。青茶是以鲜嫩的茶芽经高温杀青，不发酵，又有蒸青绿茶、炒青绿茶、烘青绿茶、晒青绿茶之分。日本的清茶就是蒸青。龙井、碧螺春、珠茶、眉茶是炒青。信阳毛尖、六安瓜片、黄山毛峰、太平猴魁是烘青。云南、四川、贵州、广西等地的茶是晒青，这些都是用于冷泡茶的好材料。发酵过的红茶则不适合冷泡，味道苦涩，无香气。

台湾的乌龙和高山茶，因为以半发酵制成，所以要选其轻发酵者，才能泡出好的冷泡茶。

我曾经制造过数十种冷泡茶，若要品评高下，以台湾的高山茶、杭州的明前龙井、江苏洞庭山的碧螺春、湖南的君山银针可并得第一，特别是君山银针更是第一中的翘楚。

君山银针产于洞庭湖中的君山岛，传说舜帝和秦始皇都居住过此山，故称为“君山”。在中国的十大名茶里，君山银针是滋味最清雅的茶，淡如无味，韵最深长，一般性情粗糙、品味流俗的人很难品出它的真味。

《红楼梦》第四十一回“栊翠庵茶品梅花雪　怡红院劫遇母蝗虫”里就描写过君山银针。

贾母等在缀锦阁底下吃了酒肴点心后，带刘姥姥一起至栊翠庵，妙玉忙接了进东禅堂。

贾母道：“我们才都吃了酒肉，你这里头有菩萨，冲了罪过。我们在这里坐坐，把你的好茶拿来，我们吃一杯去！”

妙玉听了忙去烹了茶来，捧与贾母。

贾母道："我不吃六安茶。"

妙玉笑说："知道，这是老君眉。"

贾母吃了半盏，笑着递与刘姥姥说："你尝尝这个茶。"

刘姥姥便一口吃尽，笑道："好是好，就是淡些，再熬浓些更好了。"

妙玉捧给贾母喝的老君眉，就是君山银针，这银针并不细得像针，而是像美女的柳叶眉形状。

一般的茶叶多是开叶后再采，一枪一旗已经算是最嫩的茶；但君山银针全由未开叶的肥嫩芽头制成，芽尖如针，芽身挺直，色泽如银，满布白毫，所以叫作"银芽"，也叫"白毛尘""老君眉"。

由于茶芽尚未张开，所以泡起来的味道隐而不扬，香气清郁，舌韵醇和，喉韵轻润，必须一点一滴地吸饮，才能品出它的非凡。像刘姥姥那样"一口吃尽"，那就与开水无异。所以，好喝浓俗之茶的人，无法品味君山银针的滋味。

在清朝时，君山银针是皇室的贡茶，岁贡才十八斤，非常珍稀。即使到现在，君山银针都是稀少昂贵的茶，次级的，至少要人民币五百元一斤，上品则一斤要一千元人民币，极上品一斤两三千元也不稀奇。

不只味道醇美，君山银针的泡茶过程也宜于观赏。开水冲入杯中，茶芽根根竖立水面，犹如碧空下的松针；过了一下子，徐徐沉落杯底；然后，再缓缓升上水面，往复再三。

茶芽上浮时，正像春雨过后的笋尖，争着出土。

吸水复沉时，气泡留于芽尖，有如雀舌含珠。

再次上浮时，气泡升入空中，似气球飞入蓝天。

最后茶芽沉入杯底，根根竖立，如刀剑如秋林，美不胜收。

泡饮君山银针时，就想到古人把泡茶的过程，茶的变化称为“水丹青”。以茶为笔，以水为墨，山水云雾、花鸟虫鱼，尽在杯中。

冷泡君山银针之前，先找来一把透明的壶，最好是水晶玻璃，装满矿泉水，抓一把茶叶放入，就可以欣赏茶叶在水里的漂游与伸展；然后把茶水置放冰箱，四小时后即可饮用（其他茶冷泡，做法亦同）。

冷泡的好茶，自然、纯净、甘甜、清澈，清凉解渴，有益健康，远非市售的罐装茶饮可比。它的味醇香清，连孩子都喜欢喝，比起那些不能解渴又可能危害健康的饮料，价廉物美得多。

喝着冰茶的时候，我常会想到清朝诗人李慈铭在品茶时写的几句诗：

> 时有惠风徐至，赢得嫩香盈抱，绿唾上衣妍。想见蓬壶境，清绕御炉烟。

冰茶虽无炉烟，但有水汽，看水晶杯里晶绿澄明，水晶杯外白露凝结，仿如江南明媚的春色，又好像北方爽凉的秋意。我想着，从前的皇帝虽有君山的贡茶，却没有喝冷泡银针的幸福呀！

太阳茶

台湾近几年的夏季特别燠热，每当气温到了三十六七摄氏度时，几乎不敢出门，只有躲在家里吹空调。专家说这是地球温室效应的结果，使得全世界的气温都反常，夏季反常得更厉害。

我觉得像台北这样的城市，气温的反常除了温室效应还有人为因素。例如，环境的污染与破坏，每天在头顶上秽气罩顶，气温如何会凉快？例如，每年增加的空调数以万计，热气全排放到屋外，气温又如何不上升？

回想二十年前住在台北的情景，当时的夏天虽然炎热，并不气闷，即使不用空调，人也睡得清凉。在感受上，这几年的天气确实不如当年了。

台北正是最热的时候，我到洛杉矶去，发现洛杉矶的气温与台北不相上下；但是洛杉矶比台北舒适，因为湿度较低、污染较轻的缘故。然后到了加拿大温哥华，感觉就像走进人间的仙境，气温在二十四摄氏度左右，到处都是参天的林木，空气洁净清凉如水，怪不得近些年移民温哥华的人如此之多。

但是，亲戚告诉我："到了冬天温哥华很冷，下雪时都不敢出门。像我们在台湾住久了的人，不耐冷。"所以，到冬天时，亲戚回台北住，像候鸟一样。

然后，我转往达拉斯，气温高达四十摄氏度，走出机场的感觉就像走进火炉一样，到处是赤日炎炎的景象，连街边的菩提树叶子都被太阳晒皱了。我住在开银行的高中同学家，他有一座豪华住宅，可惜客房里太热，逼得我在泳池泡到凌晨两点，最后在客厅席地而卧。

我所去过最热的地方，就是马盖先的家乡菲尼克斯（凤凰城）了。来接机的朋友见面就谈到天气，他说："这里的气温大约是一百一十五度，是今年夏天最热的，你可要有心理准备。"

我对华氏度一向没概念："一百一十五度，是几摄氏度？"

朋友说："是四十五六摄氏度吧！"

我心里一紧，咬着牙关步出机场，果然"呼"的一下热气流迎面扑来。坐车前，朋友警告我，四十五摄氏度是空气中的温度，汽车、地面、门窗等固定的东西，温度都是七八十摄氏度，不小心碰了都会烫伤。

在"凤凰城"住了近二十年的朋友，对当地的燠热颇有心得，他说："'凤凰城'这名字取得真好，浴火重生；每年的夏天就像《西游记》中的火焰山，只缺一把铁扇公主的芭蕉扇。"

他说："像这种天气，车上、窗边都不可以放塑胶制品，否则大约一个小时就会熔化了。""要吃荷包蛋最简单，把蛋打在屋外的任何地方，马路、车顶、石头上，一下子就熟了。""在凤凰城很有名的太阳茶，就是早上出门上班时，把一壶冷水放在窗边，里面放一包茶袋，下午回来就泡好了，滋味还挺不错的。"

朋友每天要喝二十杯五百毫升的水，水分才够。但最热的还不是四十六摄氏度，有时会热到超过五十摄氏度。到五十摄氏度时，空气中的热流蒸腾，用眼睛都看得见，真的是热浪呀！

在凤凰城住了两天，接受朋友的“热情”招待，觉得台北也是很凉爽的。

临走的时候，忍不住问朋友：“这种地方你怎么可以住这么久？”

朋友笑着：“只有夏天是这样，春、秋、冬季的凤凰城都是很美的，任何地方都比不上。”

我想，人有很大的潜能可以适应环境。而且，气候的苦乐是比较级的。在报纸上看到哈尔滨的冬泳队，在零下四十摄氏度的气温于冰河游泳，感觉到不可思议；但哈尔滨的人一定也不能了解，在气温高达三十七摄氏度的台湾，有人还在四十五摄氏度以上的阳明山温泉浸泡吧！

“什么是不畏寒热的秘方呢？”有人问。

禅师说：“既然无可逃避，冷时就承担你的冷，热时就享受你的热吧！”

用太阳煮的茶，应该也很不错的。

云香茶

小女儿亮云出生的时候，我们就思维着，要怎么来纪念这个可爱的小天使来到人间呢?

我们家有许多的纪念日，和一般人没有两样。但是，我们纪念的方式可能和一般人不同。例如，小儿子亮语出生的时候，我们买了两株桂花种在园子里。现在，桂花树已经长得比孩子还高了。

例如，有一年的情人节，我们买了两株枫树；另一年的情人节，我们买了一副对杯；还有一年，则是买了一个达利大师的铜雕。

例如，有一年的结婚纪念日，我们一起去旅行；另一年，我们买了一对文鸟；还有一年，我们希望送给自己的礼物是一个小女儿，如今她已依约来报到了。

在纪念日里，像广告说的一样，送黄金钻石，既奢费又无意义。像媒体报道的一样，送一大堆鲜花，随开随谢，除了被敲竹杠之外，又有什么纪念意义呢?

所以，我们总是用自己的纪念物来纪念一些值得回味的日子，那些纪念物希望能恒久、美好，永远生长和值得宝藏。

到底要给小女儿什么纪念呢?

当时，我刚从大陆找茶回来，听说云南有一种“女儿茶”。

是在女儿出生的时候，制作一些很好的茶饼，收存起来。等到女儿要嫁人的时候，才把存了十几年的女儿茶从地窖拿出来，一部分作为女儿的嫁妆，一部分分赠给亲友。大家在喝茶的时候，就可以一起回味女儿长大的点点滴滴。

为女儿制好茶的那种心情，我是可以体会的，因此十分向往。

由于这种风俗，在生产普洱的地区，把收藏十五年以上的陈茶，通称为女儿茶。但也另有一种说法，曰女儿茶是普洱茶中的一个名品，清朝的张泓在《滇南新语》中说：

> 普茶珍品，则有毛尖、芽茶、女儿之号。毛尖即雨前所采者，不作团，味淡香如荷，新色嫩绿可爱。芽茶较毛尖稍壮，采制成团，以二两四两为率，滇人重之。女儿茶亦芽茶之类，取于谷雨后。

在《红楼梦》里，有一次贾宝玉生日，在怡红院夜宴，结束之后，袭人、晴雯就是沏了一壶女儿茶给贾宝玉喝，以消食清胃。

我找出一些典故，对妻子说："我们就制作一些女儿茶，来纪念小云儿的出生吧！"

善品茶的妻子说："好呀！但是小云儿是台湾的女儿，我们做的女儿茶最好是台湾茶！"

我们本来收藏了许多陈年的普洱茶饼，在茶里，似乎只有普洱宜于久藏，台湾茶里有哪一种是可以久放的呢？

有了，陈年的铁观音！

我们试过了许多铁观音，一直找不到适合的。后来在偶然的机会，向宜兰礁溪的赖天立先生订制了一些陈年观音茶，据说已存放十五年之久，滋味清香甘醇。可惜，赖先生的陈年铁观音数量不多，只好再另想他法。

后来，找到坪林老茶区的陈年铁观音，已收藏十年之久，原经茶行主人取名为玉仙茗心。

我们买了两个大茶缸，把陈年观音和玉仙茗心混合起来，滋味甚是绵长奇特，茶色枣红，茶香里有紫檀的香气，入喉清如莲花，便大功告成，取名为“云香茶”。

小云儿果然在我们的期待中成长，活泼聪慧，人见人爱。如果说父亲对女儿有所期许，我真希望女儿有着茶一样的特质：素朴、淡雅、清心，有人格的芳香，在生活里保持觉醒。

每次遇到特殊的节日，我们总会把云香茶拿出来品尝，回味着女儿成长的点点滴滴。茶香与记忆会合，更是暗香浮动，使我们感到幸福。

我说：“我们一年泡几回云香茶，恐怕小云儿长大嫁人的时候，茶就喝完了。”

妻子说：“我们还可以去找更好的茶，来作为纪念！”

正是！在我们的生命里，只要情意丰盛，哪一天不是最好的纪念日呢？只要心水盈满，到处都有醇美的滋味呀！

松子茶

朋友从韩国来，送我一大包生松子。我还是第一次看到生的松子，晶莹细白，颇能想起“山空松子落，幽人应未眠”那样的情怀。

松子给人的联想自然有一种高远的境界，但是经过人工采撷、制造过的松子是用来吃的，怎么样来吃这些松子呢？我想起饭馆里面有一道炒松子，便征询朋友的意见，要把那包松子下油锅了。

朋友一听，大惊失色：“松子怎么能用油炒呢？”

“在台湾，我们都是这样吃松子的。”我说。

“罪过，罪过，这包松子看起来虽然不多，你想它是多少株松树经过冬雪的锻炼才能长出来的呢？用油一炒，不但松子味尽失，而且也损伤了我们吃这种天地精华的原意了。何况，松子虽然淡雅，仍然是油性的，必须用淡雅的吃法才能品出它的真味。”“那么，松子应该怎么吃呢？”我疑惑地问。“即使在生产松子的韩国，松子仍然被看作珍贵的食品，松子最好的吃法是泡茶。”

“泡茶？”

“你烹茶的时候，加几粒松子在里面，松子会浮出淡淡的油脂，并生松香，使一壶茶顿时津香润滑，有高山流水之气。”

当夜，我们便就着月光，在屋内喝松子茶，果然如朋友所说，极平凡的茶加了一些松子就不凡起来了。那种感觉就像是在遍地的绿草中突然开起优雅的小花，并且闻到那花的香气。我觉得，以松子烹茶，是最不辜负这些生长在高山上历经冰雪的松子了。

“松子是小得不能再小的东西，但是有时候，极微小的东西也可以做情绪的大主宰。诗人在月夜的空山听到微不可辨的松子落声，会想起远方未眠的朋友，我们对月喝松子茶，也可以说是独尝异味，尘俗为之解脱。我们一向在快乐的时候觉得日子太短，在忧烦的时候又觉得日子过得太长，完全是因为我们不能把握像松子一样存在我们生活四周的小东西。”朋友说。

朋友的话十分有道理，使我想起人自命是世界的主宰，但是人并非这个世界唯一的主人。就以经常遍照的日月来说，太阳给万物以生机和力量，并不单给人们照耀；而在月光温柔的怀抱里，虫鸟鸣唱，不让人在月下独享。即使是一粒小小松子，也是吸取了日月精华而生，我们虽然能将它烹茶、下锅，但不表示我们比松子高贵。

佛眼和尚在禅宗的公案里，留下两句名言：

水自竹边流出冷，风从花里过来香。

水和竹原是不相干的，可是因为水从竹子边流出来就显得格外清冷；花是香的，但花的香如果没有风从中穿过，就永远不能为人体知。可见，纵是简单的万物也要通过配合才生出不同的意义，何况是人和松子。

我觉得，人一切的心灵活动都是抽象的，这种抽象宜于联想；得到人世一切物质的富人如果不能联想，他还是觉得不足；倘若是一个贫苦的人有了抽象联想，也可以过得幸福。这完全是境界的差别。禅宗五祖曾经问过："风吹幡动，是风动，还是幡动？"六祖慧能的答案可以作为一个例证："不是风动，不是幡动，是仁者心动。"

仁者，人也。在人心所动的一刻，看见的万物都是动的；人若呆滞，风动幡动都会视而不能见。怪不得有人在荒原里行走时会想起生活的悲境，大叹："只道那情爱之深无边无际，未料这离别之苦苦比天高。"而心中有山河大地的人却能说出"长亭凉夜月，多为客铺舒"，感怀出"睡时用明霞作被，醒来以月儿点灯"等引人遐思的境界。

一些小小的泡在茶里的松子，一粒停泊在温柔海边的细沙，一声在夏夜里传来的微弱虫声，一点斜在遥远天际的星光……它们全是无言的，但随着灵思的流转，就有了炫目的光彩。记得沈从文这样说过："凡是美的都没有家，流星、落花、萤火，最会鸣叫的蓝头红嘴绿翅膀的王母鸟，也都没有家的。谁见过人蓄养凤凰呢？谁能束缚着月光呢？一颗流星自有它来去的方向，我有我的去处。"

灵魂是一面随风招展的旗子，人永远不要忽视身边的事物，因为它也许正可以飘动你心中的那面旗，即使是小如松子。

肉骨茶

久闻新加坡的肉骨茶之名，一直感到疑惑，“肉骨”如何与“茶”同煮呢？或者有一种茶的名字和“乌龙”“普洱”“铁观音”一样，名称就叫作“肉骨”？台北也有卖“肉骨茶”的，闻名前往，发现也不过是酱油炖排骨，心中大为失望。总是以为新加坡的肉骨到台北就变质了，因此到新加坡旅行的时候，当晚即请朋友带我到处处林立的“食街”去，目的是吃肉骨茶。

原来，所谓肉骨茶，肉骨和茶根本是分开的，一点儿也沾不上边儿。肉骨茶的肉骨是选用上好的排骨，煮的时候和甘蔗同煮，一直熬到肉骨与甘蔗的味道混成一气，风味特殊；里面还加了闽南人喜欢使用的材料——爆葱头。

吃完一大碗肉骨，接着是一小盅潮州的工夫茶。茶杯极小，泡的是很浓微带苦味的普洱。原因是肉骨非常油腻，汤上冒着厚厚的油花，据说普洱有清油开胃之效，吃完后颇能油尽回首。

肉骨茶也不是新加坡的特产，它是传自中国潮州，在新加坡经营肉骨茶食摊的大部分是潮州人。但肉骨茶在该地有很大的影响，不但是一般小市民的早餐，也间接影响到其他食物的烹调。像有名的“海南鸡饭”“潮州粥”“咖喱鱼头”，吃完后总有一盅热乎乎的潮州茶，甚至连马来人、印尼人的沙嗲[1]，在上菜之前，也有送茶的。究其原因，乃是这些油腻食物，在热带吃了会让人口干舌燥；来一壶茶，马上使人觉得爽利无比。

我并不是说肉骨茶是一种多么了不得的美味，它甚至是闽南地区、南洋[2]地区很普通的食物。但是我觉得能想到把肉骨和茶当作一体的食物，简直是一种艺术的创造。

吃肉骨茶时，我想起很早以前读钱锺书的《写在人生边上》里面有这样一段:“好吃可口的菜，还是值得赞美的。这个世界，给人弄得混乱颠倒，到处是摩擦冲突，只有两件最和谐的事物，总算是人造的：音乐和烹调。一碗好菜仿佛一支乐曲，也是一种一贯的多元，调和滋味，使相反的分子相成相济，变作可分而不可离的综合。最粗浅的例子像白煮蟹跟醋、烤鸭跟甜酱，或如西菜里烤猪肉跟苹果泥、渗鳖鱼跟柠檬片，原来是天涯地角，全不相干的东西，而偏有注定的缘分，像佳人和才子、母猪和癞象，结成了天造地设的配偶、相得益彰的眷属。”

说到烹调原与艺术相通，调味的讲究固如同“一支乐曲”，中国厨子一向标榜的色香味俱全也兼备了颜色的美学。再往上提升，天地间调和的学问，无不如烹饪一样，老子说“治大国如烹小鲜”，伊尹说做宰相如“和羹调鼎”，都是这种智慧的至

---

① 沙嗲：又名沙嗲串烧、沙嗲串，是东南亚一带的一种烤肉串，通常肉以酱汁先腌过再烤。

② 南洋：清末至民国时，称江苏、浙江、福建、广东等沿海各省为南洋；称江苏以北沿海各省为北洋。

理名言。

在西方，烹调的想象力虽不如中国，但谚语也有“一人生食天下饥”“希望好像食盐，少放一点儿，便觉津津有味，放得多了，便吃不下去”等语，全让我们体会烹调之学问大矣哉！

我想，人的喜怒哀乐诸情欲与禽兽总有相通之处，最大的不同，除了衣冠，便是烹调的艺术。人之外，没有一种禽兽是懂得烹调的。

我有一些朋友，每次走过卖炸鸡和汉堡包的食铺，总是戏称之为“野人屋”。因为在里面的人只求迅速填饱肚皮，食物全是机器做出来的，有的还假手于电脑，迅速是迅速，进步则未必。

每次看到食谱，感觉也差不多，食谱总是作为人的初步。如果一个人一生全依食谱做菜也未免可悲，如何从固有的食谱里找出新的调配方法；上天入地独创一格，才够得上美，才能使简单的吃也进入艺术的天地。

从肉骨茶想到人不只是为了填饱肚皮，填饱肚皮以外还有吃的大学问。第一个把肉骨和茶同食，与第一位吃蟹蘸醋、吃鸭蘸甜酱、吃烤鱼加柠檬的人都是天才人物，不比艺术家逊色。做凡人的我们，如果在吃的时候能有欣赏艺术的心情，它的微妙有时和听一曲好听的音乐，看一幅好画，读一本好书，并无不同。

倘若一个人竟不能欣赏美食，我想这样的人一定是与艺术无缘的。

沉香茶

到朋友家做客，朋友泡茶出来，满室立刻充满了浓郁的芳香。我也算是喝过许多好茶的人，却从未喝过这么香气慑人的茶。细看茶色，是淡淡的金黄；喝到口中，温润软滑，有淡淡的甜味。

“这是什么茶呢？喝起来是沉香的味道。”我问。

朋友说：“这正是沉香茶。”

沉香茶里并没有茶，而是把沉香木切成小片段，投入水中煮沸，就成为沉香茶了。这时候，沉香木的香气释放出来，溶解于水中，使得水中充满香味，冒出来的香气也使人神醉。

我第一次喝到沉香茶，不免对细节感到好奇。

朋友告诉我，这些年来，他都在越南和中国大陆搜集上好的沉香木，看到当地的居民用沉香木煮茶，说是可以去瘴疠之气，还可以提神醒脑。他喝了以后非常难忘，回台湾就试着挑出最好的沉香木，煮来喝茶并款待朋友，喝过的人都大为惊奇。

朋友说：“沉香木是所有木头中最芳香的，也是木头里极坚硬的。所以，一块沉香木可以煮上百次，香味依然如故。如果觉得香味淡了，拿出来晾干，又会恢复原来的芬芳，非常神奇！”

我对朋友说：“佛经里说一个人如果念佛念到很好的境界，

就会身如染香人，如入香水海，全身出妙香。我看只要每天多喝你的沉香茶，应该也有那样的效果呀！”

告辞的时候，朋友送我一小包沉香木，让我回来煮茶。回家后，我不但喝沉香茶，还用沉香煮出的茶水泡陈年普洱，香上加香，简直让人吐气如香、香汗淋漓了。

我想到这大地多么神奇，竟然成长了沉香这种木头：在沼泽中浸染，不论千百年，都不会腐蚀，也不改其香；拿到壶中熬煮，不论千百回，香味都不会消失；研成粉末，则可以供养诸佛、供养众生，使法界蒙熏。无论是浸染、熬煮、碎为微尘、化为灰烬，永远不改其香。

想到这里，我突然明白了为什么佛教把沉香当成最尊贵的供养，因为它最能象征我们的心、我们内在的佛性。

我们的佛心，是不会被爱欲的河流腐蚀的，在浸染中也不改其香。

我们的佛心，在红尘滚滚中熬煮，不论千百回，香味也不会散失。

我们的佛心一旦开启了，不论熬煮、浸染、碎为微尘、化为灰烬，心灵的沉香会永远在法界流动呀！

当我如是思维，每次喝沉香茶的时候，在香的流动里，总使我保持着自我的觉察，觉察那更细微的心念。在香的飞扬里，也总使我保持着虚空的祝福，祝福凡是香气所飘扬的虚空，都有美、善、提升的愿望。

感通茶与嬉野茶

同一天，一位朋友从云南大理回来，一位从日本回来，他们都带茶来送我。

云南大理来的叫感通茶。

日本京都来的叫嬉野茶。

凡是茶，都必然有来历的，尤其是当作礼物来送给朋友的茶。

感通茶产于云南大理的感通寺山坡。感通寺可不是普通的佛寺，据说是汉朝时的西域高僧摩诃迦叶和竺法兰到中国时建造的，到现在约有一千八百年的历史了。

感通寺历史很久，感通茶的历史已不可考，应该也颇有历史。朋友告诉我说："我到了云南大理就听说感通寺的茶是大理一带最好的，到感通寺，一喝，果然很好。"

很可惜的是，大理一带的茶季已过，感通寺里也不卖茶。朋友顾不了许多，跑到厨房去找负责泡茶的茶座师父，先奉上供养，再开口向师父"请茶"。

"法师慈悲，把厨房里仅有的茶都送给我了。"朋友说。

朋友也很慈悲，从云南回来，把整包感通茶都送给我，因为朋友自己不泡茶，是为了带给我才向师父要的。我没有什么供养朋友，只有双手合十，道一声："阿弥陀佛。"

至于来自日本的嬉野茶，是产自佐贺县要部藤津郡一个叫嬉野町的地方。嬉野町乃是终年云雾笼罩的盆地，听说是日本茶的上品。

朋友在日本的时候，喝到嬉野町的茶觉得很好，就带了一包给我。

我一向不喜欢日本茶的味道，但我喜欢日本茶的精神，加上朋友的盛情，便欣然收下了。

夜里，朋友都走了，我独自把感通茶与嬉野茶取来，仔细地端详：感通茶是一片一片的，叶长而粗大，可能是产自云南的老茶树。听说在云南省超过海拔一千八百米的山区，还有许多五米以上的大茶树，树龄在八百年以上。感通寺的茶应该是这种老而巨大的茶树所产，其味浓沉。

嬉野茶则显然是矮小的绿茶品种，是日本茶道两大系统“抹茶”与“煎茶”中的后者。茶叶很嫩很细，其味清香。

我先喝了感通茶，有点儿像苦茶的味道，一阵沉苦，才慢慢地回甘。又喝了嬉野茶，真如在野外嬉戏，味清几近于菜汤，慢慢才转出一点儿茶味。

我们在喝茶中感通，或者在喝茶中嬉戏，但最后的那一刻——也就是饮了的那一刻——才还原于茶的初味。这最初之味与最后的一刻，是越过了感通与嬉戏的。在这里，茶味确有优劣。

说穿了，我还是最喜欢喝台湾的茶，乌龙也好，包种也好，铁观音也好，台湾的茶真当得是天下第一。大陆的好多茶，不论是采摘、烘焙、制作，都显得粗糙，每次品饮，只是带来更深更远的乡愁。日本的茶，是用茶道来烘托，瓶花、书画、茶具精美，茶本身的味道并不多姿。

还是台湾的茶最好！

但是，茶不只是茶，它有时象征了文化，表达了感情，有更深的精神境界。

我在深心里感谢朋友从千里之外，迢迢为我带来的感通茶与嬉野茶，那是因为茶中有情有义，情义胜茶。

我还是喜欢台湾茶，那就像在情义上，我可以寄思在云南的高山；在文化上，我可以欣赏日本的茶道，心生向往。但是，茶，还是台湾的好呀！

喝感通茶与嬉野茶时，我还在想："如果陆羽在世，他也会将台湾的茶评为天下第一。"不管是在情义上或文化上，本土的意识是不可无的。

清朝的品茶名士梁章钜常常到武夷山与一位叫静参的道士喝茶，他悟到一个非凡的道理：好茶要当地的水才能相得益彰，因为"必须山中之水方能发其精英，阅时稍久，其味即消退"。品茶、情义，乃至文化，不也是这个道理吗？

药草浴与普洱茶

在外双溪与阳明山一带，有许多供人洗药草浴的农园，这些农园通常位于偏远的山间，气氛宁静，风景优美。

每一家药草浴都宣称自己的是秘方，有的可以美化皮肤，有的可以祛除毒素，有的可以强化筋骨，有的可以强化免疫系统，还有的，什么都包，“有病治病，无病强身”。

我常带着妻儿到山中洗药草浴，并不在乎疗效，而是在乎洗药草浴的感觉和过程。每次要洗药草浴的时候，心里都会先有一些准备，身心处在怡然放松的状态，穿着最简便轻松的衣服。

这时，在我们的行囊中，最重要的就是一壶陈年的普洱茶。泡药草浴时喝茶，是人间的一大享受，但最能匹配百草熬成的药草浴，唯有普洱而已。

普洱比其他的绿茶优胜的是，它久泡热水也不变味、不氧化。特别是陈年的普洱，经历了长时间的储放，所有的浊气都在时光长河的洗涤下消散了，只留下最素朴、最纯粹、最深沉的滋味。

其次，是普洱茶的药效，远非他茶可比。

在《红楼梦》第六十三回“寿怡红群芳开夜宴　死金丹独艳理亲丧”里就记述了一段普洱茶的药效。

贾宝玉生日那天，袭人、晴雯等人在怡红院开夜宴，林之孝家的查夜经过，宝玉谎称：

“今儿因吃了面，怕停住食，所以多顽一会子。”

林之孝家的就向袭人说：“该沏些个普洱茶吃。”

袭人、晴雯忙笑说：“沏了一杯子女儿茶，已经吃过两碗了。”

普洱茶可消食清胃，大观园内上下人等都知晓。

普洱茶在清朝之前就有多种品类，清朝张泓在《滇南新语》中说：

> 普洱珍品，则有毛尖、芽茶、女儿之号。毛尖即雨前所采者，不作团，味淡，香如荷，新色嫩绿可爱。芽茶较毛尖稍壮，采制成团，以二两四两为率，滇人重之。女儿茶亦芽茶之类，取于谷雨后……

所以，女儿茶是普洱的名品。但是喜欢喝陈年普洱的人另有一说，在西双版纳地区生女儿满月时，茶农即制茶饼若干，待女儿出嫁时作为嫁妆或馈赠亲友，故称“女儿茶”。与绍兴酒的女儿红陈酒的传说类似。

清朝的赵学敏在《本草纲目拾遗》中说：

> 普洱茶清香独绝也。醒酒第一，消食化痰，清胃生津功力尤大也。

用现代的观点来看，普洱茶的茶树是乔木型的大叶品种，叶大如掌，叶肉肥壮。这种大叶茶含有比灌木型茶叶更高的茶多酚、生物碱和儿茶素。

茶多酚和儿茶素能使血管壁韧性增强，防止血管硬化，减少高血压和心脏病的发病；能抗阻突变，减少或阻断癌细胞的启动；能清除体内过量自由基的毒性，增强免疫力。

生物碱，也就是俗称的咖啡碱，能兴奋我们的中枢神经，使人提神醒脑。

我喜欢喝普洱茶是近十年的事情，从前喝的普洱都是广东茶楼的饮茶，总觉得味道苦涩、香气湿霉、颜色如墨，不论从色香味观之，都令人退避。

直到有一天，在普洱茶的行家戴竹溪那里喝了一次百年普洱，才惊觉自己的识见浅薄。那百年普洱泡出来的茶汤，呈红玉色，状如血珀；香如蜜蜡松脂，遇水则发；味道是难以形容的，或者只有珍藏百年的上好葡萄酒差堪比拟吧！

戴竹溪还教我一个判别陈年普洱的秘诀，他说："陈年普洱因有超强的吸热性，用滚水冲泡，喝起来也不会烫嘴；如果不是陈年老茶，则冲泡出来的茶水是会烫嘴的。"

百年普洱难求，一块要价七八万元，退而求其次，十五年以上的就算是极品了。我从戴竹溪那里买了几块陈年普洱，从此，爱上喝普洱茶。有时候到手中的茶，是飞越千山万水，经过数十年的淬炼，在思想上、感受上也不知不觉地开阔了。

普洱茶之奇也不只在茶，它的茶树可以长到千年以上，至今树龄数百年以上的茶树在西双版纳还有不少。最年长的一株古茶树，是在澜沧拉祜族自治县的富东乡邦崴村西北坡的茶园里。

这一株长在海拔一千九百米高处的古茶树，据专家考证，约生于唐代南诏时期，树龄千年左右，树高十一点八米，直径为一米多，要数人才能合抱，茶树涵盖的范围达九米见方。我曾在书上看过这株依然枝繁叶茂、每年还生长茶叶的老茶树，当时心中震动，久久不能自已。想想看，我们杯中的陈年老茶和千年的古茶树，是不是也见证了文化与历史的变异与流传？且尽杯中一杯茶，一切的风云都在变幻，在细品一杯陈年普洱时，也能品出人生的几许真味！

当我打开药草浴的水龙头，看到翠绿色的热水流入池中，很快地，不只是池里，整个室内都弥漫着百草的芬芳。泡入药草浴里，不出五分钟，已全身飙汗。这时，再喝一杯热腾腾的陈年普洱，汗珠不是从毛孔中流出，而是跳跃式的，一粒一粒跳入池中，感觉全身心、五脏六腑、一切毛孔都在猛力地冲击和搓洗。

喝了普洱茶，洗过药草浴，整个人都舒张、活化、轻盈了。这时，听见远方瀑布的声音，鸣虫与青蛙都唱着爱恋的歌声；这时，看见药草浴坊外的青山悠然，山岚一缕缕地入怀，云一团团地出岫！

普洱茶在宋朝时已是献给皇帝的贡品，称为“龙凤团茶”；而这药草浴是古代宫廷专用的药方……但是看着眼前的青山，我想到，从前的皇帝也不一定能有内饮陈年普洱、外洗百草药浴，内外交融的感受吧！

恍然间，觉得洗药草浴喝普洱茶，是百草与茶的对话，它们谈得兴致淋漓；人，反而化为无形，腾空飞去了！

雾里听草

从大连到沈阳，走东北高速公路，由于大连朋友的盛情款待，我们到黄昏时才得以出发。

东北高速公路是新近开发完成的，路面笔直、平坦而宽阔；路两边，一边是高粱，一边是小麦，在夕阳的光照下全是金黄色的。

黄昏的高粱、小麦田，不只是金黄色，在风浪中，仿佛有一层风沙的薄雾，迷离而流动。我们的汽车如箭射过，使我有恍然如梦的感觉，这就是我在童年地理课本上读过的辽东大平原呀！

辽东大平原的辽阔和平坦，令我感到惊奇。放眼游顾，全是一望无际的田原，要跑很远的路才会看到小小的聚落，聚落也是掩映在金黄与薄雾里。

我仿佛听见了雾里草枝与麦穗摇曳的节奏，这使我感到安然了。

正痴痴看着辽东平原的时候，夕阳沉落，天色刹那间就暗了。东北高速公路没有路灯，很快陷入一片漆黑，高粱与小麦退到了黑色的布幔里，只留下风在舞台上演出。哗哗然，沙沙然，噗噗然，草的歌声与大漠中旗帜的响声是那么相似呀！在黑暗中，在赤雾里，草不是以绿色存在，麦不是以金黄存在，而是以单纯素朴的歌声而存在的。

天顶突然打下一盏灯来。舞台立时明亮了。

不知何时，明月已高挂天顶，麦田与高粱从金色转成银色，全部在大风里跳舞，真是美丽极了。

我想到今天已是十五了，月亮才会圆亮如菩萨顶上的光环。此刻是夜里八点多，平常在家里，我们已吃过晚餐，妻子会泡一壶好茶，我们全家人都坐下来安静地品茶，茶香在家里流动、满溢，充满了温润清和的气息。如今我却远在万里之外的东北，坐在穿行过辽东大平原的厢型车中听着雾里的草声，我突然非常想念妻子泡的茶。

到了东北之后，我囊中所带的茶已经饮尽，面临无茶可饮的窘境，东北又不像江南西南有茶可饮，甚至在东北也不时兴喝茶，饭店里的茶包泡的茶比水还难喝。在大连的几天我已经想茶想得要命，“到沈阳不知道有没有机会喝到好茶呀！”我心里怅然地想着。

忍不住问起沈阳的朋友：“在沈阳有好茶喝吗？”

朋友的答案出乎我的意料：“沈阳这几年很流行喝茶，有非常好的茶馆，一定好到让你吃惊。”

这个答案使我的内心充满喜悦，就在这种喜乐的心情中，车子穿过辽东大平原，进入了高楼林立的沈阳市。想到可以喝到好茶，竟然使我喜乐到这种地步，连我自己也感到讶异。

可惜好事多磨，到沈阳我并没有立刻喝到好茶，直到第三天的晚上。那是因为行程排得太满、演讲太多，直到三场演讲结束，朋友才带我到沈阳最好的和静园喝茶。朋友开玩笑地说：“林老师心里惦记着好茶，才会用心地演讲；要是第一天就喝了好茶，心愿已了，工作起来恐怕就不起劲了！”

果不其然，和静园的好超过了我的预期。整座茶楼明净辉煌、气派宏大，全是用上好的砖、石、木料结构而成，有天然素朴之风。

更出乎意料的是，和静园的主人是一对青年俊美的夫妻，本以建筑设计和美术为业，由于酷爱饮茶，所以开了一家“一茶一水都要极品，一砖一瓦都要讲究”的茶馆，带动了东北的饮茶风气。我看到馆内的桌椅门窗全是上好的明式家具，简直叹为观止。馆内为客人泡茶的东北姑娘个个受过专业训练，美若天仙，更不在话下了。听说投资这样一家高级茶馆要耗资千万人民币，更令我咋舌许久。

有趣的是，茶艺馆主人认为中国最好的茶道是在台湾，所以茶馆里有各式各样的台湾茶，高山乌龙、冻顶乌龙、白毫乌龙、铁观音、文山包种等等。更有趣的是，主人认为台湾的壶艺制作品质在大陆之上，所以整家茶馆全是用台湾陆羽的茶具。

茶具是陆羽茶具，茶是天仁茗茶，颠覆了我们的迷思。在台湾，有些人在追逐宜兴壶、大陆茶时，没想到沈阳最好的茶馆竟以台湾为风尚。这使我想到北京王府井大饭店一楼最高级的茶艺馆，也是以台湾茶艺为风尚的，只不过和静园比王府井尤为精致。

以茶艺馆的格局而论，和静园的装潢是令人无可挑剔的；但回到茶艺馆的中心——茶，不知道有没有好茶？

善体人意的园主笑言：“听说林老师已经很多天没有喝到好茶，先泡一壶台湾的白毫乌龙解馋吧！”

主人说：“既然喝的是台湾茶，又用台湾的茶具，可不可以请林老师示范台湾茶艺呢？”众人鼓掌叫好，我也急着喝茶，看着全套茶具不禁口焦手痒了。

白毫乌龙确是今年春天的上品，白毫特有的乳香，使座上的人都沉醉了。主人说：“我们店里所有的水都是用杭州虎跑泉的泉水，特别空运过来的。”

哇！台湾的乌龙配虎跑泉的泉水，怪不得这么有味。

“但杭州的虎跑泉还是配杭州的龙井茶最好！”主人说。

龙井也是上好的明前龙井，是主人亲自到杭州品选的。龙井有荷香混合豆香，虽然不会比我在杭州喝的胜出，却因为时空的距离显得珍贵而别有滋味。

这乌龙、这龙井，使我思及三日前听见雾中的草声，仰望明月照遍麦田的情景，那时思茶、念茶、盼茶，是深深的怀乡怀人之思，心里有所惦念，因惦念而清明，实近于茶道“和敬清寂”的本质了。如果不是那么清寂，如何能于雾里听见草的歌声？如果不是那么和敬，又如何能在月光中念及远方的消息？

女主人又泡了一杯极品的君山银针请我品饮，并亲自削辽东大苹果一个给我配茶，巧手慧心，怪不得能在酒乡的东北，竖起一杆绿色的茶旗！

天下没有白喝的茶，在我茶醉三分之际，茶馆主人请我写一幅大字补壁，纸笔早已备妥，墨也磨浓了。怪的是，我喜欢喝茶、喜欢写字，东北人竟也知道。

我大笔一挥，为和静园写了六个大字："不可一日无茶"。

小五太平茶

从黄山搭车到合肥，路程需要六个小时，所以我们清晨八点就出发了。

沿途良田千顷，风景秀丽，山高云远，道路回旋，处处都有动人之美。特别是开在山边水湄的映山红（野生的杜鹃花），常在山穷水尽之际，令人眼睛一亮。

朋友问我这次到黄山的感想如何？我说，黄山的美自然无话可说，但比较遗憾的是没有喝到传闻中的黄山好茶。

“黄山出产好茶吗？”大陆的朋友问我。

“是呀！一般人只知道黄山有四绝：巍峨奇特的山峰、苍劲多姿的奇松、清澈湍流的山泉、波涛起伏的云海；却不知道黄山还有一绝，就是冠绝古今，被称为中国十大名茶的黄山毛峰茶；如果再加上黄山山脉太平湖畔产的太平猴魁，十大名茶中黄山即占其二了。”

这次我到黄山五天，由于气候不佳，无法上山，只好在山下等待天晴。在等天晴的三天，我去了附近的茶厂，去了屯溪、歙县、黟县、西递，每到一处都在茶行品茶买茶，或者向茶农问茶，可惜见到的与喝到的茶都与想象记忆中的差远了。

一天深夜，在屯溪老街的慧德斋问茶，老板把珍藏最好的黄山毛峰拿出来——叶底嫩黄、形似雀舌、色如象牙、汤色清澈、毫芝显露、香气清醇甘美。老板说：“这已经是屯溪老街上最好的黄山毛峰了。”

“慧德斋”的茶确实是我在黄山地区喝到最好的茶了，但是对照古籍似乎还有所不足：

《徽州府志》：“黄山产茶始于宋之嘉祐，兴于明之隆庆。”

明代许次纾《茶疏》：“天下名山，必产灵草，江南地暖，故独宜茶……若歙之松萝，吴之虎丘，钱塘之龙井，香气浓郁，并可雁行，与岕颉颃。往郭次甫亟称黄山。”

清代陆廷灿《续茶经》：“松萝茶，近称紫霞山者为佳，又有南源北源各色，其松萝真品，殊不易得。黄山绝顶，有云雾茶，别有风味，超出松萝之外。”

清代江澄云《素壶便录》：“黄山有云雾茶，产高山绝顶，烟云荡漾，雾露滋培，其柯有历百年者，气息恬雅，芳香扑鼻，绝无俗味，当为茶品中第一。”

从历史记载看来，黄山被品茶的行家评断为“茶品中第一”。若以我们所遇到的茶来论，“别有风味、芳香扑鼻”或可近之，至于“气息恬雅，绝无俗味”就有待斟酌了。

喝猴魁的经验与黄山毛峰类似，我曾两次以一斤超过五百元人民币的高价买了太平猴魁，滋味只比一般青茶稍好。还有两位大陆朋友，一位是饭店总经理，另一位是书店经理，都是品茶行家，各送我一斤太平猴魁，叶色苍绿匀润，叶脉绿中显红，带有浓醉的兰花香，这应是太平猴魁的极品了。

但是，我在黄山下的旅店喝太平猴魁的时候，总是忍不住想猴魁名列为“天下烘青茶”之首，俗称“红丝绒”，我手中的这杯真当得上这个“魁”字吗?

在黄山品茶的经验，使我的行囊中虽塞满了茶叶，心中不免怏怏：黄山是好，但与黄山齐名的黄山茶，是不是早已失传了呢?

我们的车子跑了四个小时，到铜陵市附近的一个叫花园的小村时，早就饥肠辘辘了。突然看到一家小五饭店，店前明亮干净，就停下来随意吃点午饭。

当我们坐定后，老板娘拿出一个花花绿绿、巨大无比的饼干铁桶，一个老式的热水瓶。她从桶中抓一把茶叶，为我们沏茶，当热水灌入茶杯时，我被突然扑鼻的茶香惊了一下。

我深深地呼吸，赞叹说：“这茶可真香呀！这是哪里的茶呀？”

老板娘也不知道茶的事，于是请老板的娘出来，老太太说：“这是太平的茶，我们是太平的人，自然是喝太平的茶了。”

“这是太平猴魁吗？”我问。

“什么猴魁？这就是太平茶呀！”

看来老太太也不懂茶，我仔细看她所说的“太平茶”：芽叶肥壮幼嫩，每朵都是两叶抱芽，是典型的“两刀一枪”，茶汤香清甘美竟胜过几日来黄山所饮诸茶。

老太太看我对她家的寻常茶叶赞不绝口，就说起她家原本是黄山太平湖畔的茶农，生有五个男孩儿，因家乡的农计难以维生，才全家到花园乡讨生活。这家饭店是最小的儿子经营的，所以称为“小五饭店”。

正品茶言谈间，小五的媳妇儿把饭菜端来了。小五的手艺甚佳，在乡村小店能吃到如此美味的食物，又品尝了罕见的好茶，使我们旅途的劳顿立时消散了。

我商请老太太把饼干铁桶中的茶卖给我，她原不肯答应，说：“这是留着自己喝的。”

经过一再的请托，老太太才说：“好吧！这茶原来一斤要八十元，算你一斤九十元好了。”

“为什么一斤八十元的茶，要算九十元呢？”

“我们回太平去拿茶，不就要十元的车钱吗？”老太太憨憨地说，把我们全逗笑了，也唯有这样素朴的性情，才担得起太平茶乡那景秀林茂之地吧！

由于太平茶松散，整个饼干桶倒出来还不满一斤。

我把从小五饭店买的太平茶带回台北，放在茶罐中，取名“小五太平茶”，觉得是在黄山地区饮过最好的茶。我一直疑惑着，这乡间野店的廉价茶叶为什么会比著名茶行茶厂的茶好呢？是由于舟车劳顿吗？还是由于小店主人的素朴之心？或是茶农珍藏了自己最好的茶呢？

当我把这些原因都剔除之后，答案是：“好茶就是好茶！”绝不会因为在庙堂或市井而增减行色。

我想到在小五饭店上厕所的一幕，他家的茅坑里养着一只大黑猪，如厕时不但要和黑猪面面相对，而且还遍地“黄金”，要小心脚步。但上完厕所，穿过后院，立刻闻到缕缕茶香，香气高爽舒展，胸怀为之一畅。

当时，我也忍不住一叹：好茶，就是好茶！

仙茗自仙家

上青城山之前，就知道青城山是中国道教的发源地，也就是道教徒心目中的圣山。

除此之外，也知道青城山有“道家四绝”：洞天乳酒、白果炖鸡、青城泡菜、青城贡茶。四绝当中最吸引我的是青城贡茶，因为我们早已知道茶在佛教禅宗占有重要的地位，却不知道茶在道教所占的位置。道教的修行特重养生，在养生方面极有功效的茶，必然也为道士所重。关系究竟如何呢？

青城贡茶自宋朝开始就进贡到皇宫给皇帝饮用，产量不多，极其珍贵。单以茶而言，必也有过人之处。青城山的茶到底好不好？这也是我很想探究的。

果然，一到了青城山脚下就有人卖茶，但看茶叶的形状，闻茶叶的香气，都不是上品。正迟疑间，一个十三四岁的少女拿了一罐玻璃罐装着的茶叶跑来，说：“这是我们自家生产的茶叶，您要不要试试？”

我看茶叶还行，问她能不能试喝？

她说不行，青城山卖茶都是不试喝的。

我决定买半斤茶，每两三十元，买回去再试。

万万没想到一走出店门，门口围了一群人，个个都拿着“自家生产的茶”，纠缠不休，我已没有买茶的心情，狼狈落荒而逃。

卖茶的人虽然放了我，但卖假古董的、抬滑竿的，却始终有五六个人跟着我。虽然我一再表明“我并没有任何买古董的打算”“我爬青城山绝无问题，不用滑竿”，那些人却置若罔闻，足足跟了二十分钟之久。

就在这一段路上，我已经可以断言青城山很难有什么好茶了。

心里虽这样想着，找茶的想法依然十分强烈，沿着阶梯偶有农夫、农妇卖茶，用薄薄的塑料袋放置路边，看来十分粗糙。忽然看到一个老农妇把茶放在箩筐里，茶叶较洁净，另一个箩筐卖着现采的小黄瓜。

我买了两根小黄瓜解渴，每根一元人民币。小黄瓜滋味鲜甜，在口中化为清气。我边吃小黄瓜，边与农妇聊茶。她说：“茶是自家种的，分成两种，一种是保持原味鲜度，只是炒干了，并未揉搓。另一种是青城山的古法，在炒锅中翻滚抖散，到茶叶萎缩后，在案上搓揉，再摊开冷却，以小文火烘焙，反复数次，所以颜色较黑，但遇到水会还原成绿色。”

听农妇的话，确实是内行的茶农。我蹲下来检视两种不同的茶叶，香气素朴沉厚，是好茶无疑，但好到什么程度则要喝过才知道。

“我的茶是青城山最好的！”农妇说。

我向农妇买了两种茶，各一斤。她送给我一块苦丁茶砖，说常喝苦丁茶可以袪病解毒、清暑消热、除烦止渴，功效不输给茶。

告辞农妇，我一口气登上了上清宫，看到宫门前有穿道士服在卖茶的人，是青城山自售的茶，分成人工采制和机器采制两种。人工采制的二两五十元，机器采制的二两三十元，但不论人工或机器，包装都非常简陋。我买了人工采制的二两茶，心想："从前的皇帝就是喝着这样的茶吗？"

小包里有一张简介，署名"青城山道家茶厂"，简介上说："青城山日照、海拔、气温、土壤均宜茶树生长，品质特优，唐宋即享盛名。清代道家精制入贡，深受康熙赞赏。当今道家承袭传统工艺，制成洞天碧峰、龙芽、贡茶，经专家审评，外形紧直显毫，色泽青绿较润，内质嫩香持久，滋味鲜醇回甘，汤色黄绿明亮，叶底嫩绿鲜明，誉为名茶珍品。"

写得就像口号，无甚新意，明显的错误是青城山早在宋朝就向皇帝献贡茶了。更早，在陆羽的《茶经》中就记述了青城丈人山所产的散茶；唐末五代时，毛文锡在《茶谱》中描述青城贡茶："其横芽、雀舌、鸟嘴、麦颗，盖取其嫩芽所造，以其芽似之也。又有片甲者，即是早春黄条，芽叶相抱如片甲也。蝉翼者，其叶软薄如蝉翼也，皆散茶之最上者也。"

青城山是道教开山之地，东汉顺帝（126—144 年在位）年间，张陵就在青城山传道，写出第一本道书《太清玄元》，死后被封为"天师"，葬在青城山，青城山因此被称为"祖庭"。

茶在青城山的历史比道家更久，《神农食经》中说："茶茗，生益州及山陵道旁。凌冬不死，三月三日采，干。"

汉代杨雄在《輶轩使者绝代语释别国方言》中说："蜀西南

人谓茶曰蔎。”——青城山区正好在蜀之西南。

晋人杜育在《荈赋》中说：“灵山惟岳，奇产所钟，厥生荈草，弥谷被岗。”——灵山即今峨山，古时将青城山归入其中。

可见，青城山的茶和青城山的道是同其悠久的，道家制茶饮茶更是天经地义，密不可分。古代的贡茶也是由道庵和僧庙共同筹办的，在青城山的九泉庵中还存有一块清光绪年间的告示牌，碑文内有“道庵二十二家，每家酌派茶三斤；僧庙十三家，每家酌派茶五斤，共计茶一百三十一斤，以备精择”的字样。

青城山的道士与茶有着密切的关系，不是来自每年向皇帝纳贡茶，茶叶不仅是治生的产业，也是修行的良伴。梁朝著名道士陶弘景曾在《杂录》中说：“苦荼，轻身换骨，昔丹邱子黄山君服之。”陶弘景是上清派的祖师，他的七传弟子杜光庭于唐僖宗时代到青城山，住在白云溪畔，潜心修道，著作甚丰，他就认为茶可以存思、可以养生。

描写道士煮茶生活最传神的是清朝才子郑板桥，现今在青城山天师洞的客堂里挂有一副他的对联：

扫来竹叶烹茶叶，劈碎松根煮菜根。

这幅字写得雄劲挺拔，内容则意味深长。我坐在上清宫院内的石头上，看着正殿上的一副对联：

泯色象于清虚，道非常道；

宰天地之化育，名无可名。

正思想着，如果能在青城山上喝杯青城贡茶，不知道是多么好的事；突然看到院外右侧有茶楼，楼门上还有对联：

绝顶好栖真，听敲窗落叶，嚥啵岩泉，动静相同成妙谛；

危楼堪极目，看出岫闲云，翱翔飞鸟，和平自在现天机。

立刻跃起进入茶楼，可惜茶楼虽大，窗景极美，里面却空无一人。我呼唤数声，无人应答，看到橱柜里的茶罐井然，却喝不到茶，心里不禁怅然。想是天机不契，但愿他日重游青城山，就在这茶楼里喝一碗茶。

下青城山时，沿路又买了一些茶。

回到台北，喝遍了青城山茶，以沿阶的老农妇的茶最好。看着玄黑的茶叶，冲了热水，即刻由黑转绿，有一股清香，不愧是青城贡茶。可惜，其余青城山的茶都有愧名山，连包装都是粗劣无比，想到从前"贡茶时代"，以锡瓶精装，由专人专程送往皇宫的情景。如今没有皇帝了，青城山连一个罐子也没有了吗？

从青城山下来，饮青城茶，读张陵天师的《老子想尔注》，他说“道乐质朴”“道不喜强求尊贵”“道人不与俗人争”“致虚极，守静笃”。

他认为理想的心灵是“抱一、无为、好静、无事、无欲”；他认为理想的生活是“甘其食、美其服、安其居、乐其俗”；他认为理想的修行是“奉持道戒，积善成功，积精成神，神成仙寿”。读着读着，心中宽慰，也许青城贡茶没有那么糟，从前的道人一定没有像我这样拣择挑剔的吧！

当代的佛学大师赵朴初在喝过青城山茶后曾作词赞美：“青城好，一绝洞天茶。别后余香留舌本，携归清味发心花，仙茗自仙家！”

确实，只要在心花怒放的时候，喝什么茶都很好呀！何况是传世千年的青城贡茶呢？

龙井问茶

我是清明时节到杭州龙井村的，因为听说只有“明前龙井”才是最好的龙井，而且明前的龙井光是在杭州就不够卖，几乎不可能销到外地。唯有到杭州才可能找到真正的明前龙井。

但是，到了杭州，才知道即使在杭州也不一定能买到真正的龙井，更别说是明前茶了。

这次到杭州虽是应邀演讲，心里却记挂着要找时间去喝龙井茶。杭州的朋友知道我的心愿，我夜里抵达杭州是清明的第二天，他们就请我在西湖畔喝茶。我点了一杯龙井茶，喝了立刻大失所望，但口中不好意思说，心里直嘀咕：难道这就是我魂梦向往中的明前龙井吗？

幸好，第二天清晨就有机会到龙井村去品茶，而且巧遇今年龙井的“炒茶王”比赛正在御茶室举行。从各地选出来的炒茶高手，在御茶室一字排开，以手炒茶，香气飘扬到半里之外。

龙井茶的炒制方法，可能是中国茗茶中独一无二的。茶农把当天采来的茶菁，空手在热锅上压扁，经过一再炒压，直到将茶菁完全炒干为止。品相优美的龙井茶，扁如刀尖，色泽黄绿，一旗一枪，片片宛然。

我在炒茶王比赛的会场，巧遇中国国际茶文化研究会会长王家扬及执行会长杨招棣，还有一些评审委员，便请教他们关于炒茶王的标准。王会长告诉我:“龙井茶向有‘四绝’之誉，即色绿、香郁、味甘、形美，炒茶王比赛当然也以四绝作标准。”

至于为什么要把龙井茶炒得这么扁，则是有典故的。传说，乾隆皇帝下江南时曾到龙井茶区亲手采撷茶芽数片，置于怀中（一说夹在书中）。次日晨起，茶芽被压成扁平，形状甚美，香气甚浓，从此炒茶就炒为扁形了。

由于炒茶王比赛需时甚久，王家扬会长建议我:“何不到乾隆采过茶的地方看看？”

于是，我们沿着山道散步到御茶社去看乾隆采过的十八株御茶。杭州的朋友陈正中告诉我，那十八株御茶在清明前上过拍卖会，拍卖价每斤三十万元人民币，创下历史的新高价。我心里盘算着：三十万元人民币不就是超过百万台币了，怎么可能？

陈正中说:“那是因为稀有。想想看，三十万元喝到的茶与乾隆皇帝喝到的茶一样，对有钱人是多么有吸引力！”

步行约二十分钟就到了乾隆采撷茶叶的十八蓬御茶，茶并无特异之处，但用围墙圈了起来，成为一个著名的观光景点。我想到那些茶叶一斤值百万台币，忍不住摘了数片放在口中咀嚼。不知是心理作祟，还是清明的龙井本来就好，只觉一股清香直透胸臆。陈正中说:“难得吃到御茶，多吃几片吧！”

我嚼了满口御茶，深深地呼吸，感慨地说:“我们站在皇帝站过的土地，吃了皇帝吃过的茶，和皇帝呼吸了一样的空气，但我们一分钱也没有花呀！”

乾隆采御茶的地方称为“狮子峰”，是真正龙井茶的产地，方圆只有三千平方米左右。

但是，由于狮子峰的龙井茶实在太少了，后来在西湖诸峰的茶都称为“西湖龙井茶”。早年，西湖龙井茶分为四个品类：

产于狮子峰、龙井寺一带的称为“真正龙井茶”。

产于云栖、虎跑、梅家坞一带的称为“正路龙井茶”。

产于翁家山、杨梅岭、四眼井、九溪等地的称为“本山龙井茶”。

产于留下镇、上泗等地的称为“四路龙井茶”。

到了1953年，浙江省茶叶公司把龙井茶简化为“狮峰龙井”“梅坞龙井”和“西湖龙井”三个品类；直到1965年起，全部称为“西湖龙井”。

不管龙井如何分类，善于品茶的人都知道还是狮峰的龙井最好。至于为何同样在西湖诸山，狮峰的龙井会最好呢？清朝的程淯在《龙井访茶记》中提出了一个重要的观点：

> 龙井之山，为青石，水质略咸，含碱颇重。沙壤相杂，而沙三之一而强。其色鼠褐，产茶最良。迤东迤南，土赤如血，泉虽甘而茶味转劣。故龙井佳茗，意不能越此方里之外，地限之也。

如果以地质作为严格的标准，真正的龙井茶实在很有限，也正是我站在御茶园放眼四望那小小的一亩地而已。我蹲下来检视土地，果然如程淯所说，是鼠褐色，含有约三分之一的沙石，可见程淯是一个细腻的观察者。

正因为龙井茶的产地如此之小，产量如此有限，自古以来，都是一两难求的。

龙井茶的历史十分悠久，在陆羽《茶经·八之出》中就有记载："钱塘（即今杭州）生天竺、灵隐二寺。"可见早在唐朝就有龙井茶，但龙井茶成为名茶则是在元代之后。"元四大家"之一的诗人虞集，晚年寓居杭州，在游龙井时喝到了用龙井泉烹煎的雨前春茶，吟有《次邓文原游龙井韵》的名诗，其中对龙井茶赞不绝口：

徘徊龙井上，云气起晴昼。
…………
澄公爱客至，取水挹幽窦。
坐我檐葡中，余香不闻嗅。
但见瓢中清，翠影落群岫。
烹煎黄金芽，不取谷雨后。
同来二三子，三咽不忍漱。

虞集把"雨前龙井"比作黄金之芽，而茶汤清澈到可以映出群山的倒影，含在口中，舍不得动一下口、舍不得吞下的小心翼翼的情景描绘得生动万分。

到了明朝，龙井茶更为有名，诗人孙一元曾赋《饮龙井》诗：

眼底闲云乱不开，偶随麋鹿入云来。

平生于物原无取，消受山中水一杯。

到了明万历年间，龙井茶已是一叶难求了。诗人于若瀛的《龙井茶》诗中有“一串应输钱五万”之句，意思是说一串相当于四到五两的龙井茶，价格值五万钱。

西湖之西开龙井，烟霞近接南山岭。

飞流密汩写幽壑，石磴纡曲片云冷。

拄杖寻源到上方，松枝半落澄潭静。

铜瓶试取烹新茶，涛起龙团沸谷芽。

中顶无须忧兽迹，湖州岂惧涸金沙。

漫道白芽双井嫩，未必红泥方印嘉。

世人品茶未尝见，但说天池与阳羡。

岂知新茗煮新泉，团黄分冽浮瓯面。

二枪浪自附三篇，一串应输钱五万。

诗人喝了龙井茶后大为感慨，认为龙井茶的品质超过四川蒙山的蒙顶茶、江西修水的双井茶、江苏虎丘的天池茶、江苏宜兴的阳羡茶，甚至还胜过团黄茶，可见他对井龙的评价之高。

由于天下人都说龙井茶好，清康熙皇帝就在杭州设了“行宫”，并把龙井茶列为贡品。任何一种东西只要被皇帝看中，就会变得更珍贵稀有，就更难得到了。

程淯的《龙井访茶记》一开头就写道：

> 龙井以茶名天下，在杭州曰本山。言本地之山，产此佳品，旌之也。然真者极难得，无论市中所称本山，非出自龙井；即至龙井寺，烹自龙井僧，亦未必果为龙井所产之茶也。

可见早在清朝宣统年间，真正的龙井茶就不易得，即使是到了龙井村，由龙井寺的和尚泡的茶都不一定是龙井真茶，何况是别的地方。

李敏达在《西湖志》里说："在胡公庙前，地不满一亩，岁产茶不及一斤，以贡上方。斯乃龙井之冢嫡，厥为无上之品。"

原来，真正的龙井一年才产一斤茶，都献给皇上了，哪里还有龙井茶呢？

幸好现在的茶区扩大许多，产茶的方法也研究改进，总算平民百姓也可以喝到龙井茶了。

对龙井茶非常有研究的浙江图书公司老总毛振声，有一次和我在西湖边的茶馆喝龙井茶，对我说："真正的明前龙井很少有机会流落到外乡，原因之一是产量太少，光是杭州人就不够喝。原因之二是杭州嗜茶的人多，再贵的龙井，也有人敢喝。"

龙井茶，特别是明前的真正龙井茶，到底有多贵呢？

毛先生说："最早采的茶一斤一千元人民币是很普遍的，如果像去年收成不好，一斤明前茶要三千元才买得到。但是龙井茶是当日采制，所以从清明前到谷雨后，每天的价格都不一样，而且价差甚大。清明前一天采的卖到一千元一斤，后一天则是五百元，这是外地人很难了解的。龙井茶的神奇也就在这里，每天采的茶味道都是不同的呀！”

毛先生的话使我想起欧阳修写过的几句诗：

白毛囊以红碧纱，十斤茶养一两芽。
长安富贵五侯家，一啜尤须三日夸。

我们时常为台湾的高山茶、冻顶乌龙的价格昂贵而感慨，但比起杭州的龙井茶也为之逊色了！

杭州嗜茶的人，以天价买来明前或雨前的龙井（最稀有的是“三前摘翠”，即社前、明前、雨前），会一两一两分开，以白绵纸包好，外面再包一层厚纸，置于瓮中，放在阴凉之处，每回只取出一两，余茶的香气才不致泄走。

“这样珍惜茶叶，是因为一年只有一次清明、谷雨呀！”毛先生风趣地说，“我每年把茶叶分装好，置于瓮中，再把瓮放在床下，每天睡觉时想到今年要喝的龙井茶都已储备好了，就睡得特别安心！”

我在杭州喝到许多上好的明前龙井，使我兴起的感叹是：“从前在台北喝的根本不是龙井呀！”也才知道，除非是懂茶的人不惜巨资到杭州亲自把茶带回台北，我们才能知道龙井茶为什么是千百年来的名茶，那些茶罐上贴着“龙井茶”标志的，充其量只能说是压扁的茶叶罢了！

清明前后，每天的茶价不同，杭州人最能深刻感受。在西湖畔有一个每天上市交易的茶叶市场，清明前后热闹非凡，但茶价是一天不如一天。

若以时间来分，清明前数日采制的品质最佳，为“明前茶”；从清明日到谷雨前采制的次之，叫“雨前茶”；谷雨日到谷雨后五日采制的，称“头春茶”；谷雨后六日到十日采制的为“二春茶”；谷雨后第十一日到立夏日采制的叫“三春茶”或“三尖”；立夏日后摘的茶则称为“四春”或“烂青”。“二春”之后的茶色青味苦，为行家所不喜。

由于明前茶稀有，因此清明之前的杭州茶市充斥着假茶、劣茶、伪茶。“假茶”是以其他地方的茶叶运来杭州炒制的，外形虽同，气味则殊；劣茶是以茶叶粗者炒碎的，有如新芽，泡之则有粗糙涩味。伪茶更过分，有用柳树或榆树的新芽炒制，有用其他树芽炒制，外形色泽都像龙井，泡之则味苦，根本就不能喝。

“所以，买明前龙井的不二法门，就是找有信誉的茶行商家，用稍贵的价钱，品质才有保证；如果要用便宜的价格买好茶，则要亲自到茶乡向茶农购买。多看看，多问问，遇到好茶，价钱又合宜，便一次买足，这种亲自到茶乡找茶，就称为‘龙井问茶’呀！”毛总经理说。

我们从御茶社回到炒茶王比赛的现场，茶王已选出来了，我们就在当地买了一些明前茶，每斤要价人民币九百元，品质算是很好的。这应是“有信誉的茶行商家”，后来我在翁隆盛茶行买了一些龙井，在虎跑泉的商店也买了一些产自狮峰的明前茶，价格在七八百元。回到旅店试喝，未泡时色如黄金，遇水则成碧翠；未泡时香气如炒过的糙米，遇水则有兰荷之气；味爽鲜醇，清气沁脾，真是令人“三咽不忍嗽”呀！

离开杭州的前两天，为我们开车的世贸中心司机康师傅，在带我去六和塔看钱塘江的路上突然拿出一包龙井茶，问我：“林老师，你看这茶叶如何？”

我把那道用纸包着的茶叶打开，顿时香气弥漫车厢，在打开的那一刹那就知道比我找到的茶都要好。

康师傅说，他有一个朋友是满觉陇的茶农，送了几两好茶给他，他看我们找茶找得辛苦，说不定可以到朋友处看看。

“满觉陇？这名字真好听！”我说。

同行的来钧兄介绍说，满觉陇是盛产桂花的地方，茶叶由于熏了桂香，并不输给狮子峰。每年到了秋天，满觉陇的百年桂花盛开，清晨时分，农夫把纸铺在桂树下，去忙着农事；中午的时候回到树下，满地的桂花，以纸就地包起来，就是一包桂花了。

听得我非常向往，脑中浮现出秋风轻吹，桂花落在满地白纸的情景。

这也为我解开了一个思考多年的谜题，我以前常疑惑，一大包才一百元的桂花要怎么采？又要采多少呢？现在才知道采桂花的非人，而是秋风。

央求康师傅无论如何要带我们去满觉陇，“而且去的时间要快于吃一碗康师傅方便面。”我说。

满觉陇果然是优美非凡的地方，满路全是一两丈高的桂树，可惜看花的季节未到，不然一定可以闻着桂香走入茶家。

康师傅的朋友在家，屋外放着今晨才从山上采来的茶叶，放在屋檐下晒青。

康师傅一见面就对朋友说：“你尽管把最好的茶拿出来，这些都是懂茶的朋友。”

茶农正色说：“我这里只有最好的茶，没有别的了。”

但他又说，明前茶早就被抢光了，现有的茶是昨天——也就是清明后三日——采的，品质与明前的几乎一样，但价钱只有一半。

他泡了两杯给我们试喝，只见茶叶扁平光直、叶底黄绿，在水中浮浮沉沉。明亮澄清的色泽融于水中，隐隐有桂花之气，滋味鲜嫩、清香、醇和。我闭着眼睛，缓缓咽下茶汤，只发出一声轻浅的叹息。

康师傅着急地问：“怎么样？”

我说：“要不是接下来要去十个城市演讲，我会把所有的茶都买了。”

于是，购满觉陇龙井茶数斤，每斤五百元。

离去的时候，忍不住问茶农：“在秋天桂花盛开的季节，采不采茶呢？”我想到陆游有咏秋茶诗：“客生闻吠犬，草茂有鸣蛙。日昳方炊饭，秋深始采茶。”如果在桂花香中采茶，一定另有滋味。福建安溪产的秋茶，名叫“秋香”，香气高爽不逊春茶，故有此问。

茶农说："有呀！采一两次，可以让明春的茶叶长得更好；但秋茶味道苦，价钱便宜，喝惯春茶的人不习惯的！"

苦，有时意味的是深厚。明代的许次纾在《茶疏》中说："往日无有秋日摘茶者，近乃有之。秋七八月重摘一番，谓之早春，其品甚佳。"想到茶芽与桂花同出，在桂树下饮茶，一阵风来，花落满杯，那会是什么样的茶？又会是什么样的秋天呢？我默默许下秋日带妻子来满觉陇饮茶赏桂的心愿，这使我想到苏轼在杭州喝茶时曾写过这样的诗句：

白云峰下两旗新，腻绿长鲜谷雨春。
静试却如湖上雪，对尝兼忆剡中人。

喝着细腻鲜醇的谷雨春茶，静静地尝试着就像湖上下起了雪，品味这么好的茶，心里忆念着剡中的朋友呀！

茶，是为了友谊而存在于世间的；最好的茶，则是为了知味的人存在于世间；我们到处找茶品茶，不也是渴望着与知味的人对饮吗？

西湖的落雪融了，我们穿过柳树与桃花盛开的湖边，环着西湖有三百多家茶馆，我们一家一家地走过，去赴生命的另一个约会……

佛国奇香

在重庆的茶行，第一次看到珠峰圣茶。以前听西藏的喇嘛提过，西藏也产茶，当时觉得不可思议：在北方那么寒冷、干燥的地方，怎么可能生产“南方之嘉木”的茶呢？

既然看见了，不可错过，就央求茶行的老板泡一杯来喝喝看。没有想到，在大陆买茶卖茶都是不试喝的。

不然，茶叶拿出来看看！

老板依然摇头，因为珠峰圣茶产量极少，都是采取小包装，层层密封，不要说是看，连闻香也不可能。

这倒是打败我了，对于闻所未闻、见所未见、饮所未饮的茶，我怎么可能购买呢？平常我买茶有个怪癖，就是不买包装好的茶，买的全是散装茶。这样即使无法试喝，也能依照眼鼻的判断找到好茶。

眼前密密包装的珠峰圣茶，二两装，人民币八百四十元，算是我看过的大陆茶中最昂贵的。每斤茶四千八百元人民币，算是天价了。在不见不闻的情况下，如何买得下手？

老板看我迟疑不决，忍不住笑了，因为有很多人第一次看到珠峰圣茶，表情都是相同的。

他说：“别说你没喝过，连我自己也没喝过这珠峰圣茶，先不管它好不好喝，想想它是来自西藏的、稀有的，也就值得了。林先生，我不骗你，你不买二两回去，回台北后一定会后悔的。”

我这次在大陆西北、西南巡回演讲，报纸天天头条，几乎到每家茶行大家都认得我是“在大学里讲茶文化的老师”。所以，什么好茶、奇特的茶都拼命向我推销，我听了老板的话，依然犹豫不定。

老板从抽屉里拿出一册中英文介绍的珠峰圣茶简介送给我，说：“你回宾馆读读，明天再决定吧！”

我从茶行里带回七种茶：君山银针、云南银玉环、云南银玉针、洞庭碧螺春、四川竹叶青、闽南荔枝茶、野生苦丁茶，独缺珠峰圣茶，但有着一本极精美的简介。这本简介可以说是所有大陆茶中的“超豪华版”，全册铜版纸彩色精印，封面是布达拉宫上面有一尊释迦牟尼佛。

“喝不起珠峰圣茶，读读那茶的历史也是好的！”我心里想着。

珠峰圣茶的历史非常悠久，传说是唐朝贞观十五年（641年），文成公主嫁给松赞干布时，带了百匠随行，其中就有茶师，当然还带了茶种。那些茶种就种在喜马拉雅山东部珠峰下的易贡湖畔。

易贡湖畔的大峡谷处于北纬三十度，这是专门出产名茶的“神秘纬度”，杭州的龙井、洞庭的碧螺春、庐山的云雾、太平的猴魁、屯溪的毛峰、邛峡的绿茶、祁门的红茶，正好都是北纬三十度。加上易贡湖畔依傍着珠穆朗玛峰，紧邻雅鲁藏布江，虽然地处海拔两千两百五十米的高寒地带，却有“藏区江南”

的美称。印度洋的暖湿气流溯雅鲁藏布江河谷而上，终年云雾缭绕。由于这些特殊的环境，才孕育出了珠峰圣茶。

茶虽然种在这么巧妙的地方，千余年来，珠峰圣茶也一直是朝圣的贡品，但由于西藏本非茶区，加上珠峰圣茶的产量极少，又种在人迹罕至的神秘雪域，珠峰圣茶不仅名不见经传，可以说自古以来鲜为人知。

以上是珠峰圣茶的介绍，至于它的珍稀昂贵也有说明。珠峰圣茶由于高寒地带的特殊地理环境，每年只能采收一季。每年6月，高原气候温差极大，经朝露滋润后，茶香凝聚，是采摘的最佳时机。极品茶采摘期仅短短数天，每次采摘不过数担，其珍贵可知。

我一边读着简介，一边喝着君山银针茶，心里盘算着：明天就买二两珠峰圣茶吧！否则，回台北一定会后悔的。

老板第二天看到我非常开心，说："我知道林先生一定会回来买的。"

买了二两珠峰圣茶，等不及回台北喝了。当天晚上，在重庆的扬子岛大饭店，我约了同行的几个朋友，来自北京的曲小侠、胡卫红，来自台北的黄长发，这是我们喝过"最昂贵"的茶了，所以大家都屏息以对。

珠峰圣茶的滋味与我想象中的完全不同，比起一般的绿茶，它显得沉厚浓郁，在喉头与胸臆之间徘徊不去；闭起眼睛，在心里流过的是蓝蓝的天、白白的云，平坦的草原与伟岸的寺院；耳际仿佛响着动听的真言：唵嘛呢叭咪吽……

一饮可得六字真言

杯中尽驻佛国奇香

朋友说："珠峰圣茶喝起来不像江南的茶那么清香，而是浓烈；就好像人站在雪山的高原上，由于空气稀薄，拼命地要吸入氧气，呼吸显得更深邃一样！"

我说，我们不能用江南的茶香标准来品评西藏的茶，就如同我们不能用中原文化的尺度来衡量西藏文化的高下。我们要回到一千三百五十年前，一个茶师怀中带着茶种，站在珠穆朗玛峰的易贡湖畔，庄严地埋下来自茶的、来自江南的、来自深远的梦的种子，那是在化不可能为可能，在不可为中创造可为。果然，茶长出来了，汉藏文化有了更多的融合，而所有的西藏人都成为茶的子民了。

茶，是最温柔的征服；茶，也是最慈悲的摄受呀！

那站在易贡湖畔撒下茶种的人，最后有没有返回中原呢？那第一个在寒风中采撷第一片珠峰茶叶的人，又是怀着怎样的心情呢？甚至，作为一粒茶的种子，越千山而过万水，在漫漫征程中，飞飞风雨里，皑皑白雪上，努力地开出江南故乡的一点绿意，且尽一杯茶！因此，珠峰圣茶无法用一般的茶叶作为品评的标准，它在茶里是自成一格的。

白马秋风塞上

杏花春雨江南。

在雪地开放的茶花里，
我们品尝着心灵的芳香，
静静地观看
前世模糊的影子，
细细地聆听
今生遗忘的真言，
有三根心弦深深触动，
拉出了悠悠的说唱。
前身应是明月，
几生修到茶花。
公主要往遥遥的西部和亲，
命我带着江南一起随行，
愿将汉唐的华章，
种成冰雪的灵气，
在世界最远最远的边缘，
留下一点绿意。
当我在珠峰下张开双眼，
看见喜马拉雅山的第一道阳光，
每一片眼中都含着晶莹的露水。
我站在雪中笑了，
我是多么幸运，
终于从明月
化成了一株茶花。

喝过珠峰圣茶，我躺在重庆的旅店中，思念着当时被带往西藏的茶的种子，夜不成眠。坐起来，在昏黄的灯下，写了这首诗。

第三章　饮茶洗心

每天的生活就像一杯茶，大部分人的茶叶和茶具都很相近，然而善泡者能泡出更清香的滋味，善饮者能饮到更细腻的消息；人生更需要准备的，不是昂贵的茶，而是喝茶的愉悦心情！

请上坐，泡好茶

一茶端来，两袖清风。

真意无言，悟者忘忧。

有人请我去担任茶叶比赛的评审，我感到非常意外，立刻就婉拒了。

“林先生不用太客气，你写的有关喝茶的书我们都看过，大家才商议请你当评审。”

我说，“喜欢喝茶”和“茶叶比较”是完全不同的，喜欢喝茶的人不见得有资格品评茶叶。何况，我对大部分的茶都喜欢，如何去判别高下呢？来人看我不答应，最后请我去当茶叶比赛的来宾，观摩一下。我看他诚意甚殷，就到茶乡走了一趟，去见识茶叶的比赛。

比赛会场出乎想象的热闹，茶农把自种的茶叶带来，围聚在大礼堂里，等待比赛的结果。

评审坐成一排，品评着一杯又一杯的茶水，端详泡出茶水的茶叶，闻香、品尝、打分数，一气呵成。一个茶农只有一分钟的时间。不久，评审的分数出来了，得奖的茶农欢天喜地，落选的茶农垂头丧气，茶农一整个春天的努力，在两小时内就决定了命运。

听说抱走冠军奖杯的茶农，只要一走出会场，茶叶就会卖光，一斤茶可以有七千元的价格。未得奖的茶农，一斤茶只有五百元的价位，而且一直卖到冬茶出来还不知能否卖完。

评审结束，从山上回家的路上，主办的人又问：“林先生，明年可以来做我们的评审吗？”

我说，还是不行！一来是我的鼻子舌头还不够锐利，恐怕无法在一分钟内决定茶的高下；二来是茶的比赛关系到茶农一年的收入与家庭的幸福，令我感觉无法负担。

最重要的原因是，决定茶的好坏因素很多，但其中一个重要因素是在什么环境下与什么样的朋友喝茶。当茶的范围缩小到在礼堂中的比赛，这个重要因素就会失去了。

参加了那一次茶叶比赛，使我时常会思考到茶的存在问题：当我们摒除了文化、历史、环境、境界、气氛之后，茶是否能独立地存在？

好茶，自有色、香、味的评断标准，这是毫无疑问的。

但是，使好茶臻于最高境界的因素也不可忽略，像用好水、好壶、好火候，有好的朋友，在好的时间与空间下，才可能品味出一泡好茶的真滋味。倘若在喝茶时还能有感动的谈话、优美的思维、细腻的体验，茶才能达到完美的境地，也才不枉为好茶了。

体会到茶叶背后有许多重要因素，我喝茶愈来愈随缘了，不像年轻时刚开始品茶的求茶若渴，每年跑到各知名的茶行找茶，甚至深入茶山。一旦找到好茶，总是几十斤买回家冷藏在冰箱里，深恐到秋冬时没有好茶，无法度日。

现在对茶叶的标准降低了，只要不是太苦涩，什么茶都不排斥。但是对围绕在茶叶旁边的因素却日益重视，如果没有知心的朋友，不是在很棒的环境下，有很好的心情，甚至连水也懒得煮了。一旦这些因素俱足了，再普通的茶也变得十分有味。

朋友笑我说这是“老化”现象，人的感官没有少年时代敏锐，自然会以思想和心灵作为弥补。正如不做爱的人，重视灯光和床铺。

我却认为这是一种“进化”，使我们跳出了感官的束缚，站在更宏观的视野来看待茶的真实价值。

坐！请坐！请上坐！

茶！好茶！泡好茶！

这是大家都知道的势利和尚的笑话，然而反思起来，和尚不是势利，而是自然的表达。对大施主“请上坐，泡好茶”是在表达感激之意，“好茶”是一个感激的因素，谁知道那三种茶有什么不同呢？说不定寺里只有一种茶，而处处都是上座！

把茶叶的高下评得太刻板，会使茶变得商业化与世俗化，商业化使人忘记茶的真价值，世俗化则使人忽略了茶的美感与禅味。何况，这种茶叶比赛好像茶的“联考”，每年举行一次，正如大学联考一样，最后牺牲的必然是思想力与创造力，使茶的文化随之物化、俗化、感官化。

所以，我无法担任茶叶比赛的评审，现在不会，以后也不可能。

卖茶老妇

在淡水高尔夫球场，正下着细雨，没有风，那些被刻意修整平坦的草地，在雨中有一种格外朦胧的美。

我坐在球场的三楼餐厅举目四望，有一种寂寞的感觉包围着我。看着灰色的天空，我深切地感到，年轻时一串最可贵的记忆已经在这雨里濡湿而模糊了。

那是因为刚刚我为了避雨，曾想到淡水龙山寺去喝一壶老人茶。在幽暗的市场里转来转去，走到龙山寺门口，我完全为眼见的景象吓呆了——因为原本空旷的寺中庭院，正中央坐着一尊金色的巨佛，屋顶也盖起来了。旧日的龙山寺被一片金的、红的颜色取代，不似往昔斑驳的模样。

我问寺前的小贩："龙山寺不卖老人茶了吗？"

小贩微笑着说："早就不卖了。"

"那位卖茶的老太太呢？"

"因为龙山寺要改建，没有地方卖茶，她被赶走了。"

我坐在寺前的石阶上，几乎不敢相信自己的眼睛和耳朵。龙山寺不卖老人茶了，这对我是一个很大的打击。因为，在我的记忆里，龙山寺和老人茶是一体的，还有那位卖茶的独眼老妇。

十几年前，我第一次到淡水龙山寺，就对这座寺院着迷。不是因它的建筑老旧，也不是它的香火旺盛，而是里面疏疏散散地摆着几张简陋桌椅，卖着略带苦味的廉价乌龙茶，还有一些配茶的小点心。那位卖茶的老妇人只有一只眼睛，她沉默地冲好了茶，就迈着缓慢的步子走到里面，沉默地坐着。

龙山寺最好的是它有一分闲情，找三五位好友到寺里喝茶是人生的一大享受。坐上一个下午，真可以让人俗虑尽褪，不复记忆人间的苦痛。

最好的是雨大的黄昏，一个人独自在龙山寺，要一壶乌龙茶，一碟瓜子，一小盘绿豆糕，一只脚跨在长条凳上，看着雨水从天而降，轻轻落在庭中的青石地板上。四周的屋顶上零散地长着杂草，在雨的洗涤下分外青翠，和苍黑的屋瓦形成有趣的对应。更好的是到黄昏的最后一刻，雨忽然停了，斜斜映进来一抹夕阳，金橙色的，透明而发光的，我遇到许多次这样的景况，心灵就整个清明起来。

我喜欢淡水区，十几年来去过无数次，并不只是因为淡水区有复杂的历史，有红毛城和牛津学堂，有美丽的夕阳；那些虽美，却不是生活的。我爱的是开往对岸八里区的普通渡船，是街边卖着好吃的鱼丸小摊，是偶尔在渡口卖螃蟹的人，是在店里找来找去可以买到好看的小陶碗；最重要的是淡水有龙山寺，寺里有一位独眼老妇卖着远近驰名、举世无双的老人茶。

每次到淡水区，大部分的时光我都是在龙山寺老人茶桌旁度过的。选一个清静的下午，带一本小书，搭上北淡线的小火车，慢慢地摇到淡水区；看一下午的书，再搭黄昏的列车回台北，是我学生时代最喜欢的事。那是金灿灿的少年岁月，颜色和味道如第二泡的乌龙茶，是澄清的，喝在口中有甘香的。

我和卖茶的老妇没有谈过话，她却像我多年的老友一样，常在沉默中回想起她来。可惜我往后不能再与她会面，她的身世对我永远是个谜。

待到龙山寺的改建，驱逐了老妇和她的茶摊，我的心痛是那尊金色巨佛所不能理解的。在细雨中，我一个人毫无目的地在街上走着，回忆龙山寺和我年少时的因缘，以及和我在茶桌边喝过茶论过艺的一些老友，心情和雨一样迷惘。不知不觉地就走到淡水高尔夫球场，在餐厅里叫了一杯咖啡，却一口也喝不下去。这是富人的地方，穿着高级名贵运动衣的中年男子，冒雨打完球回来休息，正谈论着一个人一生能一杆进洞的概率有多少。

一位微胖的男子说："我打了十几年的高尔夫，还没有打过一杆进洞。"言下不胜感慨。

我想着，一个人一生能找到一个清洗心灵的地方，像龙山寺的老人茶座，概率有多少？即使能找到相同的地方，年岁也大了，心情也不同了。裤袋夹一本诗集，买一张车票跳上火车的心情恐怕也没有了。

龙山寺改建对我是不幸的，它正象征着一轮金色的太阳往海中坠去；形象的美还清晰如昨，可是夕阳沉落了，天色也暗了。

饮茶洗心

满街茶旗飘扬
水里绿花开放
心中祥云飞翔
忽将烦恼冲散

老妇人跪坐着，用虔敬肃穆的神情，优雅缓慢地、每一个动作都那么分明地泡着茶，室内于是被安静所充斥了。

安静，使院子中的蝉声一声高过一声，竹篱旁的石臼涌出了水声，甚至可以听得更远，远到宇治川的流水之声，以及鸽子在川畔春心荡漾的咕咕声。

用竹子做成的打茶梳，把茶碗中的抹茶打出一层浓浓的泡沫，最后的动作总算完成了。

从我们坐下来等待喝茶，到茶泡好已经过了一刻钟。

老妇人双手捧茶放在面前，并给我们一个九十度的鞠躬，我们也回了一个九十度的大礼，才恭敬地端起茶来。抹茶的幽香在端茶的那一刻，仿佛从安静中醒转：它的香带着草的气息，它的碧绿则如初长的秧苗，它的雪泡像是飘在草原上的云。

刚泡好的抹茶，温度适中，香滑如乳。

老妇人跪坐在旁，等待我们把茶喝完，深深一礼，问道：

“茶还好吗？”

我们以深深的鞠躬作为回答。

喝了这么好的茶，不只让人想作礼、鞠躬，甚至想叩头感谢天地，感谢泡茶的人。

泡茶的老妇人不是普通的日本欧巴桑，而是宇治市对凤庵中专业的茶师，也是政府聘任专门为观光客示范日本茶道的泡茶人，自从宇治市成立市营茶室后就在这里泡茶，已有三十几年。

专业的茶师虽然重复着相同的动作，但由于对茶的敬重，那些刻板的动作中也有宗教仪式的诚心。于是，我们在沉默中欣赏着，自然升起了感动。

这里是京都府的宇治市——日本著名的茶产地。走入宇治市街，几乎家家都有“茶”的店招，而且户户都是“老店”；走入店中，满满都是茶袋与茶罐；通常最高级的茶都摆在最内侧最高的位置，而装茶的罐子最小，包装最为繁复。

对于日本茶的品级，我没有研究。若以价格来看，不论是金罐银罐的宇治煎茶，价钱都不比台湾的高山茶昂贵，只有最好的抹茶能与我们的高山茶相提并论。

但人生更需要准备的，不是昂贵的茶，而是喝茶的愉悦心情！

要寻找喝茶的心情，就要穿过大街的茶店，来到宇治川畔；宇治川上架着橘红色的桥，两岸都是葱绿的垂柳，不知名的鲜花在柳树下盛放。

随意找一家茶室，竹篱、木门，门内铺着发亮的石头，水流潺潺的石臼，几株秀雅的花树，纵使只有一坪的院子也能营造出一个美巧、宁静、充满生意的空间。

这些茶室不像市营茶室有专业茶师服务，却更有民间风味。一碗绿油油的抹茶，一块甜滋滋的糕点，就可以安静地享受午后时光。当看到宇治川上的白鹭鸶流连不去，阳光从木格窗斜斜照进来，感觉时光往前溯源，仿佛能品味到荣西禅师从中国引入第一泡茶的滋味。

其实，若以茶味而言，日本茶是十分单调的，只有抹茶和煎茶两种。在茶的火候、烘焙、揉捻，甚至茶种上都殊少变化。也由于茶的单调，只有以各种气氛来烘托，发展出一套饮茶的形制。到后来，连茶室中的画、花、糕点都有严苛的规定，使茶脱出了色香味，成为文化、思想、修养的表征了。

茶道，在日本成为一个独立的存在，一种美学、一种境界，乃至一种生命的完成。

我常常在想，日本抹茶的茶室与广东茶楼的饮茶相比，会让我们对文化有更深的思考，就好像我们常说“柴、米、油、盐、酱、醋、茶”，把茶摆在最后一位。但是在日本（至少是在宇治），排序应该是“茶、醋、酱、盐、油、米、柴”，看看满街的茶室、醋酱的专卖店就可以了然了。

我也常常在想，唐朝茶引进日本的时候，如果引进各种茶种和制茶的方法，今天的日本应该会有完全不同的面目。而带茶种回日本的如果不是禅师而是商人，今天的日本茶也不会和禅道、文化结合得如此之深了。

坐在宇治川畔的茶室，我很羡慕茶成为美学与境界的象征。不像今天的台湾，大家竞逐高山茶、冠军茶，使茶停留在鼻子、舌头与喉咙的层次。试问：茶如果只留在闻香、甘甜、喉韵的位阶，又有什么好说的？茶如果没有禅味，失去美学，与菜汤果汁又有什么分别呢？

正如对凤庵茶室的白墙上挂的一幅字“洗心”，坐在“洗心”的书帖下向外望去，正好看到石臼的水汩汩冒出，把臼旁的山石洗得纤尘不染。

我斗胆请茶师再为我们示范一次抹茶的泡法，我和妻子恭敬而安静地跪坐一旁，沏水、温杯、打茶，将米色的茶碗转了一圈，一切都是那样浑然天成。

我们一口饮尽碗中之茶，再次顶礼致谢。直起身来，不知如何言语，与妻子相视微笑。那一刹那，感觉天地群山都微笑了。

爱，永远保持分享

朋友来家里喝茶，看到我从茶叶罐中倒出茶叶，不禁对茶罐上写的“金柱茶”大感疑惑。

朋友说：“我喝遍了台湾的好茶，怎么从来不知道有一种茶叫金柱茶呢？”

这时我总要解释一番，金柱茶是我的屏东好友庄金柱送给我的茶。庄金柱是品茶专家，自己懂得烘焙茶叶，有时焙出好茶，就会送一些给我分享。我为了感念朋友，就以朋友的名字来命名。这样，我在喝茶的时候，对朋友就会充满着感谢与祝福。

不只是金柱茶，在我的茶叶罐上，标示着许多朋友的名字，像“韦陇茶”“孟珊茶”“张耀茶”“淳珍茶”“木兴茶”“卯琳茶”“传颤茶”“纯育茶”等。以朋友的名字来为茶命名，比起以地名、茶种命名要好得多。一来，喝茶的时候，使我们有一种美好的感情，被友谊所充满，茶的滋味就好了几分。好茶，不就是为了友谊而生在世间的吗？二来，使我们永志不忘一些美好的因缘，想到分散异地的朋友，此时此地可能和我们喝着相同的一泡茶，那种分享共同经验的感受，就突破了时空，在天地间交融了。三来，使我们扩散友情的芬芳，把朋友送的茶分享给更多的朋友。虽然大家互不相识，却在小小的茶叶中结了善缘，将来因缘和合，终有相逢、相惜之日。

因此，朋友的名字不是比“鹿谷”“文山”有感情吗？不是比“乌龙”“包种”好听得多吗？

把这种缘由说给朋友听，大部分人都深有同感。但是也有一些人会质疑:“如果喝了不好的茶，不是会边喝边骂朋友吗？”

我说：“假如能体贴奉茶的心，朋友送的茶里，是不会有坏茶的。何况，如果能分享，普通的茶叶也会有深刻的芬芳。”

在我的信念里，朋友最好的境界就是“分享”。如同两个月亮互相照明、心心相印，不只分享生活中一切美好的事物，也分摊生命里遭逢的困顿与痛苦。只有我们愿意分享，才能保持着爱朋友的心。

“好东西要与好朋友分享”，不是一句广告词，而是生命中真实的体会。在枯寂的人生之路，如果不能分享，不是将永沉于黑暗的深谷吗？

无事最可贵

朋友来喝茶聊天，问我说："你觉得什么样的生活最好？"

我说："无事最可贵。"

朋友不明其意，说："既然无事最可贵，又何必忙着写文章、读书、演讲呢？"

这倒使我沉吟了，无事并不是不做事、不生活，而是做事与生活都没有牵挂，也没有变生肘腋、措手不及的事情发生。

我把茶倒满，闻到今年春茶的香气，深呼吸，让茶香清洗我的胸腔，我说："能这样无事喝一杯茶，真是人生里幸福的事呀！"

朋友终于懂了，微笑着喝茶，那专注的神情，使我感到无事的欢喜。

唯有活在当下的人才可以无事，每一刻都尽情地、充满地、没有忧虑地去生活，活活泼泼、欢欢喜喜、全心全意。

一刻无事一刻清，一日无事一日好。

可叹的是，我们总是花时间去找事来烦。一清早，找份报纸来烦；上了班，在人事里烦；晚上，找台电视来烦；躺在床上思前想后，思念十年前的情人，猜测明年公司的方针。

饭吃得没有滋味，是没有全心地吃饭；工作做得没有力气，是没有欢喜地工作；睡眠不能安枕，是没有无心地睡眠。

吃饭无事，工作无事，睡眠无事。

真的，无事最可贵。

我刚学说话时，唱过一首台湾童谣。

“食饭也未？食饱也未？食饱紧去做工作。做工作也未？做好也未？做好紧去困棉被。困好也未？困饱也未？困饱紧去食碗粿。”

我唱这童谣给朋友听，唱歌配茶，觉得茶的味道真好。

吃饭是重要的，但吃饱饭就应该去工作，工作做好就去睡觉。我喜欢这首童谣那种无心的态度，所以无事人并不是闲杂的人，反而是专心的无杂之人。

在禅宗里，把“无”当成像圣旨一样，《禅宗无门关》里的第一则，就开宗明义讲“无”：

有一个和尚问赵州从谂禅师：“狗子还有佛性也无？”

赵州说：“无！

无门慧开禅师的注解是：“参禅须透祖师关，妙悟要穷心路绝。祖关不透，心路不绝，尽是依草附木精灵，且道：如何是祖师关？只这一个‘无’字，乃宗门一关也。……将三百六十骨节、八万四千毫窍，通身起个疑团，参个‘无’字，昼夜提撕，莫作虚无会，莫作有无会。”

无门禅师的意思是，“无”这个字是禅宗最重要的一个字，应该以全身的力量（包括每一个骨节毛孔），日夜地去参，却千万不要把“无”当成是“虚无”的无或“有无”的无。

无，是执着地破除与思虑的止息，而不是闲散的人。

无，是无心，是离开妄念的真心，是远离了分别、执着的自由境界。“若不起妄心，则能顺觉，所以云，无心是道。”

无，是无住，是不住留、执着一固定的实体，诸法念念不住，即得解脱。“无所住故，则非有无，非有无而为有无之本。”

无，是无我，是一切万法因缘生，因缘灭，没有一个固定的主体，破除我执，则得自在。

无，是无念，是虽修万行，觉诸相空，心自无念，念起即觉，觉之即无。“一念不起，即十八界空，即身便是菩提华果，即心便是灵智。”

“无”这个字是那么高超，那么伟大，几乎是凡夫所不能企及的。我们或者难以进入那么高的境界，但在生活中体会无事的可贵也不是那么难的。

我端起一杯茶对朋友说：“现在，让我们全心地来品味这杯茶，过去的烦忧已经过去了，未来的烦恼尚未发生，仅此一念，又有什么事呢？”

无门慧开曾写过一首名诗：

> 春有百花秋有月，夏有凉风冬有雪。
> 若无闲事挂心头，便是人间好时节。

这应该作为所有无事人的座右铭。

其实每天的生活就像一杯茶，大部分人的茶叶和茶具都很相近，然而善泡者能泡出更清香的滋味，善饮者能饮到更细腻的消息。

依照我的经验，只有在无事时泡的茶最甘美，也唯有无事时喝的茶最有味。可惜的是，大部分人泡茶时是那么焦渴，在生命里也一样的焦渴呀！

沩山灵祐禅师曾把悟道的人称为“无事人”就是这个道理，他说：

> 夫道人之心，质直无伪、无背、无面、无诈妄心行。一切时中，视听寻常，更无委曲，亦不闭眼塞耳。但情不附物，即得。……譬如秋水澄渟，清净无为，澹泞无碍，唤他做道人，亦名无事之人。

无事的人去除了生命的焦渴，像秋天的潭水，那样澄明幽静，清澈无染，明白没有挂碍。

“无事不是小言哉！”无事是伟大的事。

无我的茶

与朋友相约去爬山的时候，我总是比平常起得更早，准备到山间泡茶的用具。

朋友说：“起得更早，是为了烧开水吧！”

我说：“不是为了开水，而是为了开心，我很喜欢和你到山上喝茶。”

那种欢喜和开心，是为了“一生一会”的想法。在这个忙碌混乱的社会，要和朋友在咖啡馆喝杯咖啡或在茶馆饮茶都是困难的；何况是在宁静的山林，对着沿山坡变化的枫树、松树、相思林，喝着最好的茶，真是人生难得的。

在山林里喝茶当然不比在家里，有各种齐全的用具。所以，我通常准备一大壶开水放在保温瓶里，带着一把紫砂壶，几个小杯子，还有两三种茶叶，然后背着到山顶去喝茶。

山林里的喝茶，是与室内不同的。由于心里充满了自由，所以我们可以随意选择泡茶的地方，不管是坐在风景美好的树林还是繁花盛开的花园，感觉那来自高山的茶与四周的林园融成一气，我们的心也就化成一股清气，四散飘流了。

那种清朗之气的回归，使我们进入无我的境界，这使我想起有一个爱茶的朋友组成的茶会。他们常在各地风景好的地方喝茶，互相分享带来的茶叶，茶会的名称就叫“无我茶会”。这名字取得真好，如果山林与茶都是宇宙大河流中的一叶，当我们“入流亡所”，也进入那宇宙的大河流忘记自己的执着，就会呈现“无我”的状态。

“无我”就会连忧悲苦恼一起流入大化，到最后，胸臆里只剩下山林与茶香，而整个山林也充溢了友情。

宋朝以前的人喝茶，都是用大壶大碗。寻找心灵自由的僧人，为了四处云水参访，为了在林间品茗，发明了紫砂小壶，以便揣着小壶在人间游行，遇到志同道合的人就坐下来喝一泡茶；或独自行走时，在山边水湄坐下来与树木和溪水共饮。这是紫砂壶的由来。因此，紫砂壶中有着浪漫的心，是为了自由、为了无我而创造出来的。

我们虽非僧侣，却也是为了云水的自由而游行于人间，如是思维，我们的心也就拔就如云，我们的情感也就灵动如水了。

喝完茶，我们再度走向人间，带着春茶的清气，爱也清了，心也清了。

喝完茶，我们再度走入风尘，带着云水的轻松，步履也轻了，行囊也轻了。

大茶壶与小茶壶

我从前在一家报社上班，坐大办公室，是容纳一百多人的办公室，光是打工的工读生就有好几位。

在我们编辑部这边的工读生，是一位十六岁的少女，长得非常清秀可爱，同事都很喜欢她。她讨人喜欢的不是长相，而是性情，每天都好像怀抱什么样喜悦的秘密来上班，然后一直抱着秘密的微笑下班；她对待每一位同事都像兄姐，语调里有尊敬和体贴。

我很少看到性情那么好的人。

令我最难忘的是，她知道什么人是几点来上班，谁喜欢喝开水，谁喜欢喝茶，在最恰好的时间，她会泡一杯茶来。

我每天上班的时候，都会发现桌上有一杯热腾腾的茶，天天都使我非常感动。我在还没有喝茶前，就会跑去跟她道谢："小妹，真谢谢你呀！"然后就会看到一朵微笑像花儿开起来。

报社里的茶叶通常是粗糙不堪的，却因为她的细腻体贴，使我觉得那茶非常好喝。我时常对小妹说："像你这么细腻的人，长大以后，世间哪有男子可以与你匹配呢？"

后来，小妹因上学而不再来报社打工，我每天上班时，看到空的茶杯总有一种说不出的怀念与感伤。

如今，我离开报社也有十年了，上司与同事的脸都因为时间流逝而模糊，但小妹的脸还非常清晰地越过时间，她泡的茶——那把粗茶泡得很好喝的茶——还常热腾腾地从心里涌出来。

从那时候，我就知道泡好喝的茶不一定要好的茶叶，不一定有什么特别的技术，只要有细腻体贴的心和对待人的善意，再普通的茶里也有无尽的滋味。

许多喝茶的人都不免会执着于用小壶喝茶，认为这才是“工夫茶”，用大茶壶或大茶杯泡茶的人是不会喝茶的，这是一个错误的见解。一个人用盖碗也可以泡出好茶，而大茶壶里也有特别的滋味。

记得童年时代，乡间的十字路口，或寺院车站的门口，都有大茶壶的“奉茶”。奉茶的茶叶都不会很好，是茶枝煮成的，也有一些是米茶、麦茶、决明子茶，但是用大碗一咕噜灌入喉中，一阵清凉到底。想到那些不知名的奉茶的人，他们用心煮茶，给过路人清凉的善心，就会非常感动。

一直到现在，乡间的公园也有为人泡茶的人。他们带着一把大茶壶、几具玻璃盖杯，在乡下的凉亭冲茶给人喝。清晨或黄昏到那里去喝茶，一碟瓜子、一盘象棋，就会使我们感受到茶中也有情味。

喝小壶茶，是从明朝才开始的，明朝以前的人都以茶碗喝茶，寺院里则是用大茶壶喝的。想想，在唐朝数百人或千人以上的寺院，敲了木鱼或打了茶鼓，僧人鱼贯而入，排成几排，管茶的“茶头”[①]和“茶座”[②]，用一个大茶壶倾注在茶碗里，大家安静地喝茶，提神静心以便等一下继续打坐修行，光是想想那样的场面就要令人动容。

泡茶的人比泡茶的技术重要，喝茶的心比茶叶更重要。

我曾经听过一个关于泡茶的故事：

有一位女大学生毕业以后，去应征文书的工作，被公司录取了。由于公司里没有文书的职位空缺，经理就暂时安置她做泡茶的工作，领文书的薪水。

一开始，她很开心，认为泡茶的工作简单，又可以领文书的薪水，很安心地为公司同事泡了一段时间的茶。

过了一年多，她心里开始嘀咕，自己是堂堂的大学毕业生，老是做着低三下四的泡茶工作，心里很不开心。不但端茶时表情郁郁，连泡出的茶也很难喝，弄得整个公司气氛僵硬，人心惶惶。有一天经理喝了一口茶就吐了出来：“堂堂大学毕业生连茶都泡不好，干脆离职算了。”

少女听了很伤心，决定当天下午就递出辞呈。正在这时候，公司有一位重要客户来访，谈一笔数目很大的生意，经理便叫她泡茶出来招待客人。

少女擦干眼泪，心想：“这可能是我在这家公司泡的最后一壶茶了，不如好好地泡，不要让人觉得我连茶也泡不好。”

---

① 茶头：佛家称禅宗始祖灵前献茶或煮茶待客之役僧。这里统指寺院中为僧众沏茶之人。

② 茶座：意同“茶头”。

她非常专心细腻地泡茶，用灿烂的微笑端茶出去，客户只喝了一口就说："呀！好久没喝过这么好喝的茶了。能把茶泡得这么好的人，做任何工作都可以胜任的。"经理也喝了一口，久久说不出话来，这同样的茶叶泡出来的茶水，和早上已经完全不同了。

这故事的结局很好，公司做成一笔大的买卖，少女的辞呈被退回，立刻调任文书的工作。

我喜欢的人生态度是，把工作与泡茶当成一回事。一个能在泡茶时专心的人，工作也会专心。因此，泡茶给人喝是一种很好的供养，并不是卑微的事。

我喜欢小壶茶、盖碗茶、大壶茶，而且都能泡得很好，更有好心情去喝。摆在我们眼前的小茶壶，可以为三五知己而倾注，如果我们能尽心地去爱朋友、体贴朋友，泡起人生的这把大壶茶就容易得多了。

偶尔会想起十六年前为我们泡茶的小妹妹，她现在也是中年人了，一定也经历了一些沧桑。我想，她一定很幸福地生活着，一直有花样的微笑。因为我深信：

"能把茶泡得那么好喝的人，做什么都会成功的吧！"

过眼的繁华

去看古今茗壶展，有许多从明清到现代的名家紫砂壶。

这些紫砂壶听说是可以出售的，但是展览会场上只有号码，没有标价。

为什么不标价呢？

“因为怕吓倒参观的一般民众。”主办单位的人告诉我。

确实，当我问了价钱，连我也吓倒了。当代名家的作品要价七八十万，明朝清朝的都超过百万了。一把可以盈握的紫砂壶竟有百万身价，真是匪夷所思。

我喜欢紫砂壶，因为经过数百年的发展，紫砂壶的制作已经达到手工艺的高峰。即使不是名家，普通的工艺师也可以做出很有水准的茶壶。

但是，我觉得紫砂壶除了艺术的观赏，最重要的还是拿来泡茶。唯有通过泡茶的这个动作，紫砂壶才算完成它被创作的意义。一把好的紫砂壶除了壶身壶盖间不容发，使茶水流畅之外，还应该能提味，使茶叶的滋味显出最温润的境界。只当成艺术欣赏的紫砂壶，究竟只完成了一半。

基于这样的观点，一把上百万的茶壶会让我们陷入紧张与执着，拿着百万茗壶泡茶，心里一定很紧张，正好违背了泡茶时那松闲的心情。

主办古今茗壶展的人看我对紫砂壶那么有兴趣，误以为我是茶壶的专家。于是，叫来服务员把深锁着的柜子打开，一把一把地拿来给我欣赏和挑选，这使我有机会将本来隔着玻璃柜才能欣赏的壶拿在手上把玩。我花了一个多小时的时间，才把定价从二十五万到一百八十万的名壶都仔细地摩挲一遍。

我就像一个富有的买家，摸遍了总价数千万元的茶壶，主办的人有点儿着急，说："林先生看看喜欢哪一把，我们先把红点贴着，等展览完后再给林先生送去。"

我说："能看到这些精美的茶壶，真是太好了，不过价钱太高了，我还得考虑考虑。台湾绝对卖不到这种价钱的。"

当我走出茶壶展览的会场时，有一种非常美好的心情，那欣赏茶壶的过程使我感到欢喜。对于这世间许多精美事物，只要那种好感觉过了我们的眼，穿过我们的心，我们就算拥有了。就好像满山春天的繁花或秋日的红枫，我们看了，收藏在心里，就已经是我们的了。

回到家，我把在路边以三百元买来的紫砂壶拿出来泡茶，想到今天的午后，我曾把玩过价值数千万的名家茶壶，连那普通茶壶中普通的茶，也增添了芬芳。

水在舌头上

清朝的梁章钜非常喜欢喝茶，常和别人在一起切磋茶艺。他最喜欢到武夷山的天游观，因为观中有一位静参道士，是善品茶又好品茶的人。

梁章钜每回和道士喝茶，都会把他品茶的心得记录下来，后来收在他的著作《帝田琐记》里。

像静参道士把茶名和茶品分成四等。

茶名的四等分别是花香、小种、名种、奇种四等，其中以奇种的品最高，喝起来有梅花或木瓜的清香。但这种清香不是人工加制的，而是种在梅花近旁的茶树，久而久之就熏习了梅花的清香，木瓜亦然。

由于奇种茶的数量很少，每株茶树的味道不同，静参说："三十六峰中，不过数峰有之。各寺观所藏，每种不能满一斤，用极小锡瓶贮之，装在各种大瓶中，遇贵客名流到山，始出少许，郑重瀹之。"

我们可以想象那种贵客名流到寺观的情景，法师、道士郑重泡茶，茶只有一点点，先装在锡瓶，再装在大瓶，想想都要醉茶了。古人把好的茶称为"绿色黄金"，茶岂止是黄金，黄金有价，吸取天地精华的茶是无价之宝呀！

静参道士把茶的品等分为香、清、甘、活四等：

茶品之四等，一曰香，花香、小种之类皆有之。今之品茶者，以此为无上妙谛矣。不知等而上之，则曰清，香而不清，犹凡品也；再等而上之，则曰甘，香而不甘，则苦茗也；再等而上之，则曰活，甘而不活，亦不过好茶而已。活之一字，须从舌本辨之。微乎！微矣！然亦必瀹以山中之水，方能悟此消息。

这段话现在看起来，仍然是品茶很好的标准，茶的最高境界是“活”。“活”这个字正好是“水在舌头上”或“舌头上有水”，是无法以语言文字来说明的，只能用舌头来悟得好茶的消息。

也可以说，好舌头比好茶更重要，好的情趣与修养是品茶不可缺少的。明朝的屠隆在《考余事》里说：“使佳茗而饮非其人，犹汲泉以灌蒿莱，罪莫大焉；有其人而未识其趣，一吸而尽，不暇辨味，俗莫甚焉。”

如果用好茶来招待不会喝茶的人，就像汲取甘泉灌溉无用的树木，罪过是很大的。有一些不识茶趣的人，一口就喝光你的好茶，根本不会分辨茶味，这世间再也没有比这更俗气的了！

“活”这个字用得真好，这也是好茶与好禅相通的地方。

唐朝有一位投子大同禅师，道风很盛，一位章和尚投在他门下修行。

有一天，章和尚做完寺里的劳动回来，投子禅师倒一杯茶给他，并说：“森罗万象皆在此。”

章和尚接过茶，即将茶水泼洒于地，反问投子禅师说：

“现在，森罗万象又在何处？”

投子禅师说：“可惜一杯好茶！”然后就缄默了。

读这则公案令人扼腕，真的是“清净之水，游鱼自迷”，可惜一杯好茶被无知地泼在地上了。

禅宗祖师常告诫学人“参活句，莫参死句”“死中得活”“觅一条活路”，都是在说禅是活活泼泼，明明白白的；一旦成为形式主义，成为意识形态，成为僵化的认知，那就变成了死禅。

什么是活？只有水在舌头上，才能悟此消息。

佛山无影水

住在树林镇的朋友来看我，提来三桶水，每桶三十公斤。

在这么燠热的天气，看到朋友满头大汗，使我不忍。

“这么远，提水来干什么呢？”

朋友说：“上次来你家喝茶，发现你只有好茶，没有好水，找了一些好水来配你的好茶。”

朋友所提来的“好水”是产自三峡镇佛山里自然涌出的矿泉，水质非常甘美，而且整座佛山未被污染，是台湾少见的纯净水源。

我们当场就用佛山的水泡茶，果然茶汤的颜色和茶味就完全不同了——好水使好茶的好滋味加倍地发散出来，这使我想起陆羽为什么要走遍天下，来为茶水分等级了。

朋友说：“真不好意思，没有什么贵重的东西送给林先生，竟送了这么粗贱的水。”

我说：“快别这么说，我们台湾人说‘诚意吃水会甜’，何况水是无价之宝，我觉得受之有愧呢！”

由于有好茶、好水、好朋友，那个午后给我们留下了美好的回忆。

不仅如此，这几个三峡镇的朋友，每隔一段时间就给我载几桶水来，使我的“佛山水”不虞匮乏。

有一天，朋友说："林先生，愿不愿意到佛山去走走呢？"

"当然愿意。"长期喝着佛山的水，对佛山不仅生起因缘之感，也充满了向往。佛山顶上美丽的佛山精舍就展现在眼前了。

佛山精舍的住持出来迎接我们，门口有一些排队汲水的人，他们都是风闻佛山的水质甘美，从各地赶来提水，有的甚至整卡车载回山下。

佛山因为涌泉不断，因此不管提多少水都是免费的。

住持说："借着佛山水与众生结个云水因缘吧！"

佛山精舍缘山而建，全用石头砌成，屋前的平台正对着西方落日，山谷纵连，美景殊。我说："如果每天坐在这个平台做净土十六观是最好不过了。"

当我们坐望落日，浑然忘我的时候，住持采来了山后自种的李子，红色的李子中好像包着整个佛山的水汽，多汁而饱满。

住持说："佛山以李子和水闻名，另外三样东西也很稀有难得：一个是萝卜，一个是竹笋，一个是嫩姜。它们全都脆甜多汁，常有人误以为吃到了梨子。"

我说："这三样不如就叫'佛山三梨'吧！"

大家听了开心，就起哄，请我为佛山的水取个名字，我灵机一动，说："不如就叫'佛山无影水'吧！"

大家齐说："妙极了！妙极了！但这个名字是什么意思？"

我说，黄飞鸿的"佛山无影脚"天下知名，希望"佛山无影水"也能广为天下人所知。

其次，最好的水应该是"无影无迹"毫无杂质，佛山的水当之无愧。

再者，佛山既是佛教道场，希望众生自由自在、解脱无碍，无影则无执着，但愿众生喝了这“佛山无影水”，都能打破执着，超越障碍！

住持留我们在佛山一宿，因我们有要事必须下山，只能留下晚餐，吃到了“佛山无影水”灌溉而种出来的竹笋、朝鲜菜苗、地瓜叶，样样都有说不出来的美味。

我们在西方落日的照映中道别佛山，远远望去，佛山就像佛首一样，壮大，宏伟，有光辉。

满车的“佛山无影水”在颠踬摇动中发出淅淅沙沙的声音，我想到在台湾到处都有这样的好山好水，只可惜很少有人愿意珍惜。这样想的时候，夕阳正从西山沉落，万山寂寂，只有晚蝉拉着一声急过一声的长音，仿佛在唱：在这个饱受污染的岛，佛山水是弥足珍贵的。

在蟹眼与鱼眼间沉浮

今年春天，我买到了梨山的新茶，用以做冷泡茶。夏天暑热，登山的时候，以一壶冷泡茶随身，清凉甘醇，无与伦比。

茶，原来必须热水才能发之，冷泡茶用的却是冰水。其做法亦简单：取茶叶适量，放于大壶中，放在冰箱里浸泡八小时，即可饮之。

冷茶与热茶是完全不同的，热茶香盛，冷茶味沉；热茶的颜色如陈酿，冷茶的色泽如新蜜；热茶的感觉就像东升的旭日，冷茶的感觉则是清冽的晓风……这些完全不同的觉受，使我想到，决定茶的滋味的不只是茶叶本身，水的温度也扮演了重要的角色。

如果有好茶好水，却没有适当的温度，再好的茶叶也不能出味。人生也是这个道理吧！一个人有好的本质，又生长在好的环境，一切都不匮乏；但如果没有炎凉冷热的考验，作为人最内在的滋味与能量也不会被散发出来。

最好的绿茶，像银针、龙井、碧螺春等，以透明的玻璃杯泡茶，当沸水冲泡之后，茶叶先是浮出水面，再舞之蹈之，沉入水中；在水底再次舒展，漂之浮之，再度探出水面；然后一个翻转，沉之潜之，又一次沉落杯底；最后努力苏醒，再踊之跃之，露出水面；及至力气用尽，完全地进入杯底。

要看完了茶叶的三起三落，那杯茶才算完成，水里才有着完整的茶味。

我每次用玻璃杯泡茶，看着茶叶的上下浮沉，都深感如同生命的际遇，一生平顺的人，滋味不出。即使是冷水泡茶，也是沉浮起落，只是过程更为漫长罢了。

因此，人生的温度对于一个人内在的开发是至为重要的。对茶者而言，水的温度也至关重要。

关于茶水的温度，最早提出的自然是陆羽的《茶经》，他说：

> 其沸如鱼目，微有声，为一沸。缘边如涌泉连珠，为二沸。腾波鼓浪，为三沸。以上水老，不可食也。
>
> 第一煮水沸，而叶其沫，之上有水膜，如黑云母，饮之则其味不正。其第一者为隽永。

陆羽的意思是，茶水的第一沸最为隽永，但第二沸时则要“第二沸出水一瓢，以竹匣环激汤心，则量未当中心而下，有顷，势若奔涛溅沫，以所出水止之，而育其华也”。

在第二沸时，先取出一瓢水，等到大滚时，再把水加回锅里，这样茶叶的精华才不会散逸。

可见，从茶圣开始，中国的茶人就很重视水的温度——要让水保持在一定的温度，既不太老，也不太嫩，在以木炭烧火的古代，是非常困难而讲究技巧的。

唐朝的苏廙在《十六汤品·百寿汤》中说：

人过百息，水逾十沸，或以话阻，或以事废，始取用之，汤已失性矣！

滚沸超过十次的水，与超过一百岁的老人一样，茶汤已失去了本性。这是水老，与嫩水一样不可取，嫩水称为“婴汤”：

薪火方交，水釜才炽，急取旋倾，若婴儿之未孩，却责以壮夫之事，难矣哉！

刚烧的水，尚未滚沸，就拿来泡茶，就好像叫婴儿去做大人的事，那是无比困难的。

明朝的田艺蘅在《煮泉小品》中说：

汤嫩则茶味不出，过沸则水老而茶乏。惟有花而无衣，乃得点瀹之候耳。

宋朝的蔡襄在《茶录》里说：

候汤最难，未熟则沫浮，过熟则茶沉。

归纳起来，古人认为最好的水是在“鱼眼与蟹眼之间”，用白话来说，就是在“第一沸与第三沸”之间，温度应是在八十度到一百度。如明朝陆树声在《茶寮记》中所言：“煎用活火，候汤眼鳞鳞起，沫饽鼓泛，投茗器中。初入汤少许，俟汤茗相投，即满注。云脚渐开，乳花浮面，则味全。”好一个“汤眼鳞鳞”！不只有画面、有声音，也有节奏，这也是烹茶煮茗过程里最动人的吧！

在蟹眼与鱼眼之间，许多诗人在注视着水滚的情景时，颇有体会。苏轼在《试院煎茶》中有句：

> 蟹眼已过鱼眼生，飕飕欲作松风鸣。
> 蒙茸出磨细珠落，眩转绕瓯飞雪轻。

常与苏轼一起喝茶的黄庭坚有诗《奉同六舅尚书咏茶碾煎烹三首》（节选）：

> 风炉小鼎不须催，鱼眼长随蟹眼来。
> 深注寒泉收第一，亦防枵腹爆乾雷。

诗人看见鼎中的水开了，干渴的腹中就像爆起了响声一样。蔡襄的《北苑十咏·试茶》：

> 兔毫紫瓯新，蟹眼青[1]泉煮。
> 雪冻作成花，云闲未垂缕。

---

① 青：同“清”。

愿尔池中波，去作人间雨。

看着茶水滚开了，飞烟缭绕，但愿那些滚动着的水，化成人间的雨，去滋润众生呀！

黄山谷的两句诗更奇：

曲几蒲团听煮汤，煎成车声绕羊肠。

靠在蒲团上听着煮茶汤的声音，仿佛把茶煎成车声，在羊肠小径上绕行啊！

我在煮茶的时候，常想起这些美丽的诗句，想到浮生若茶，人生的际遇不正是在蟹眼与鱼眼之间浮沉吗？煎煮的过程虽然缓慢，茶味却是这样慢慢融入的。没有浮沉的茶叶不会有味，没有浮沉的人生又何尝不是？如果有“浮沉是必然，煎熬是必然，苦尽回甘是必然”的品茶之心，也才能品出人生的真味！

我们在蟹眼与鱼眼之间浮沉，热波荡漾，水汽蒸腾。我总觉得，我们在被煎煮时的水汽会化成人间的雨，在某一个春日，从辽阔的草原上飘落，好雨丝丝，不落别处。

情如无憾情补天

连续几天，我都在台北的仁爱路上观察菩提树的变化。

在台湾，由于四季如春，大部分平地的树木都是终年常绿，台北街头比较特别的是木棉树和菩提树。木棉树总是在绿叶落尽了才开花，使得木棉花格外澄明和艳红。

菩提树呢，冬天的时候，叶子一起落尽；开春时，像焰火爆开，冒出了绿芽。

由于昨夜的残叶已凋谢干净，今晨的新芽更突显出晶莹、透明、翠绿、鲜嫩。那菩提树的叶芽，每天都带给我非常新的欢喜，而且每天都有新的叶芽繁茂出来，日日带给我惊喜。

新长成的叶芽是完全无染的，全新的生命，那样纯粹，那样精美。

我时常在想，为什么初生的叶子会给我那种充满力量的感动呢？为什么成熟的叶子就难以使我动容？这可能来自两个原因：一是新生，凡是新生都需要勇气，并且令人感动；二是无染，当一片叶子从树的心开出来的时刻，它完全没有被外在的世界染着，当我们这些已被染着的心看来，就会感到惭愧了，如同我们看见襁褓中的婴儿一样。

树的新芽与人的婴儿，都是以无比的纯净来面对世界，等到新叶长成，就是凋落的时机；如同婴儿变为成人，就不免俗化、僵硬、老去。我想，如果一个人能不失去婴儿的心，就可以找到“不老”的灵药吧！

在古今中外的思想家里，最乐于歌颂婴儿纯净的人应该是老子吧！在《道德经》里，老子曾多次地谈到对婴儿之心的向往：

专气致柔，能如婴儿乎？

（我们是不是能使我们的心气专注导致柔软，像婴儿一样呢？——《老子》第十章）

众人熙熙，如享太牢，如春登台。我独泊兮，其未兆；沌沌兮，如婴儿之未孩。

（世间的人是那样的兴高采烈，就好像享用丰富的酒宴或春天登上高台。唯有我淡泊恬静不起波澜，像还不会笑的婴儿一样。——《老子》第二十章）

为天下溪，常德不离，复归于婴儿。

（能做天下的溪谷，常德就成为自然不会散失，如回归到婴儿的状态。——《老子》第二十八章）

圣人在天下，歙歙焉，为天下浑其心。百姓皆注其耳目，圣人皆孩之。

（圣人对天下的人，谦虚怀让，治理天下，有纯朴自然的心。老百姓都能凝神静听，圣人疼惜百姓就

如同对待婴儿一样爱护。——《老子》第四十九章）

我们从这些篇章可以看到老子理想的道，是希望人能回归到那种天真无为、自然纯净的婴儿之心。人的老去乃是无可奈何的，不过不管是圣人或凡夫，都应该有赤子的心情。

老子讲婴儿最透彻的是第五十五章：

> 含德之厚，比于赤子。毒虫不螫，猛兽不据，攫鸟不搏。骨弱筋柔而握固，未知牝牡之合而朘作，精之至也。终日号而不嗄，和之至也。知和曰常，知常曰明，益生曰祥，心使气曰强。物壮则老，谓之不道，不道早已。

它的意思是含德最厚的人，可以和天真的婴儿相比。蛇虫蜜蜂都不螫他，凶鸟猛兽也不攻击他。他的筋骨虽然柔弱，小拳头却握得很紧。他虽然还不知道男女交合的事，小鸡鸡却常常勃起，这是他精气充满的缘故。他虽然整日啼哭却不会喑哑，这是他血气柔和的缘故。知道柔和的道理，就合于常道，了解常道就会清明，这对养生是吉祥的。如果反过来用欲望的心来支使气力，便是逞强，逞强壮大则开始衰败老去，这种不合乎道的事物，很快就会消逝。

娇嫩的春天到了极致，就是暴烈的夏季；温柔的秋日到了顶点，便是肃杀的冬季。

初恋的情侣仿佛刚发芽的春叶，然后叶子绿了，受尘世的污染，叶子老了，总被雨打风吹而凋零。

想为天下苍生奉献的初发心，因为名利而僵化了，因为尘世的风雨而折断，成为满目肃然、自己看了都厌憎的老人。

这天下，竟没有如初的嫩芽，没有长存的春天，没有永恒的恋情，没有不老的心。我看着菩提树的新芽转成红叶，内心总会有一种悲情。

渴望循着记忆的丝线，重新去编织自己曾有的那春天一样的童心，那未受挫折之前对永恒之爱纯净的信念，那犹如拉满弓弦射出的愿与苍生共悲喜的少年情怀。

俱往矣！俱远矣！

于是，我回到安全岛上，看一些新芽的初生与变化，看那叶尖上昨夜晶明的露珠和婴儿的泪珠，在阳光下丝丝飞去。就把握这纯净、清明、欢喜的一刻吧！

我想到唐朝诗人李贺写的一句诗，自己配了一副对联摆在案上：天若有情天亦老，情如无憾情补天。

从前，曾有朋友送我菩提树的嫩芽烘焙的茶，我名之为“菩提茶”。喝的时候心里总会浮出菩提树的样子，那清淡的菩提茶，使我思及自己最初的心，希望以那最初的心，来补缀日渐老去的岁月。

菩提茶要取最嫩的叶子，其他茶亦然。我从前不能深知，常常生起疑惑，为什么最嫩的茶叶有味，老壮的茶叶反而无味？古代把茶叶分为小芽、中芽、紫芽、白合、乌带五种。小芽又叫“鹰爪”“雀舌”“谷粒”，是最好的茶。

中芽又叫“一枪一旗”或“一枪二旗”，即中心一芽，外有一片或两片稍卷的小叶。

紫芽，即叶转紫色。

白合，是中一小芽，外包两大叶。

乌带，是带蒂的叶。

要制最好的茶要用小芽，紫芽之后，为行家所不喜。长成白合与乌带都算是劣茶了。

现在我知道答案了，唯有新长成的叶芽具有最圆满的质地，它既未污染，也不失去。这就是为什么最细小的叶芽滋味最好，也是老子说要回归婴儿的原因了。

生命所经验的历程，我们都回不去了，我们难以回归婴儿，因为我们有情，而“天若有情天亦老”！幸而，我们可以常常喝到鹰爪、雀舌、谷粒、一枪一旗的新茶，稍稍可以无憾。如果在老去的每一天，都能毫无遗憾地生活，那也就好了。

我喝春茶时，看春天的新叶长出来，一天天地变化着，就会觉得老子的“圣人皆孩之”是个警句，“专气致柔，能婴儿乎”则近于禅心了。

可叹的是，少年的人都没有这种警觉。白居易有一次在路上遇到少年人称他“老头子”，回家就写了一首诗《戏答诸少年》：

顾我长年头似雪，饶君壮岁气如云。

朱颜今日虽欺我，白发他时不放君。

朱颜会消失，白发不会放过我们的。且让我们一起饮茶吧！让我们的心像茶叶初生尚未舒卷那样，那时节我们既不为成功失败挂怀，也不为男女之情忧心，更不为人生的长路而心情惆怅。

那时，我们只是笑，并在笑中看见光。

茶香一叶

在坪林乡，春茶刚刚收成结束，茶农忙碌的脸上才绽开了笑容，陪我们坐在庭前喝茶。他把那还带着新焙炉火气味的茶叶放到壶里，冲出来一股新鲜的春气，溢满了一整座才刷新不久的客厅。

茶农说："你早一个月来的话，整个坪林乡人谈的都是茶，想的也都是茶，到一个人家里总会问采收得怎样？今年烘焙得如何？茶炒出来的样色好不好？茶价好还是坏？甚至谈天气也是因为与采茶有关才谈它，直到春茶全采完了，才能谈一点儿茶以外的事。"听他这样说，我们都忍不住笑了，好像他好不容易从茶的影子走了出来，终于能做一些与茶无关的事情，好险！

慢慢地，他谈得兴起，连一斤三千元的茶也拿出来泡了，边倒茶边说："你别小看这一斤三千元的茶，是比赛得奖的，同样的品质，在台北的茶店可能就是八千元的价格。在我们坪林，一两五十元的茶算是好茶了，可是在台北一两五十元的茶里还掺有许多茶梗子。

"一般农民看我们种茶的茶价那么高，喝起来又是慢条斯理，觉得茶农的生活蛮悠闲的。其实不然，我们忙起来的时候比任何农民都要忙。"

“忙到什么情况呢？”我问他。

他说，茶叶在春天的生长是很快的，今天要采的茶叶不能留到明天，因为今天还是嫩叶，明天就是粗叶子，价钱相差几十倍，所以赶清晨出去一定是采到黄昏才回家。回到家以后，茶叶又不能放，一放那新鲜的气息就没有了，因而必须连夜烘焙，往往工作到天亮。天亮的时候又赶着去采昨夜萌发出来的新芽。

而且这种忙碌的工作是全家总动员，不分男女老少。在茶乡里，往往一个孩子七八岁时就懂得采茶和炒茶了。一到春茶盛产的时节，茶乡里所有孩子全在家帮忙采茶炒茶，学校几乎停课。他们把这一连串为茶忙碌的日子叫“茶假”——但孩子放茶假的时候，比起日常在学校还要忙碌得多。

主人为我们倒了他亲手种植和烘焙的茶。一时之间，茶香四溢。文山包种茶比起乌龙还带着一点儿溪水清澈的气息，乌龙这些年被宠得有点儿像贵族了，文山包种则还带着乡下平民那种天真纯朴的亲切与风味。

主人为我们说了一则今年采茶时发生的故事。他由于白天忙着采茶、分茶，夜里还要炒茶，忙到几天几夜都不睡觉，连吃饭都没有时间，添一碗饭在炒茶的炉子前随便扒拉扒拉就解决了一餐。这样不眠不休地工作，只希望今年能采个好价钱。

“有一天采茶回来，马上炒茶，晚餐的时候自己添碗饭吃着，扒了一口，就睡着了。饭碗落在地上打破都不知道，人就躺在饭粒上面，隔一段时间梦见茶炒焦了，惊醒过来，才发现嘴里还含着一口饭，一嚼发现味道不对，原来饭在口里发酵了，带着米酒的香气。”主人说着说着就笑起来了，我却听到了笑声背后的一些辛酸。人忙碌到这种程度，真是难以想象。抬头看窗外那一畦畦夹在树林山坡间的茶园，即使现在茶采完了，还时而看见茶农在园中工作的身影，摆在我们面前的壶中茶叶原来不是轻易得来的。

主人又换了泡新茶，他说：“刚喝的是生茶，现在我泡的是三分仔（即炒到三分的熟茶），你试试看。”然后他从壶中倒出了黄金一样色泽的茶汁来，比生茶更有一种古朴的气息。

他说：“做茶的有一句话，说是‘南有冻顶乌龙，北有文山包种’，其实，冻顶乌龙和文山包种各有各的胜场，乌龙较浓，包种较清；乌龙较香，包种较甜，都是台湾之宝！可惜大家只熟悉冻顶乌龙，对文山的包种茶反而陌生，这是很不公平的事。”

对于不公平的事，主人似有许多感慨。他的家在坪林乡山上的渔光村，从坪林要步行两个小时才到，遗世而独立地生活着，除了种茶，闲来也种一些香菇。他住的地方在海拔八百米高的地方，为什么选择住这样高的山上？“那是因为茶和香菇在越高的地方长得越好。”

即使在这么高的地方，近年来也常有人造访。主人带着乡下传统的习惯，凡是有客人来总是亲切招待，请喝茶请吃饭，临走还送一点儿自种的茶叶。他说：“可是有一次来了两个人，我们想招待吃饭，忙着到厨房做菜，过一会儿出来，发现客厅的东西被偷走了一大堆，真是令人伤心哪！人在这时比狗还不如，你喂狗吃饭，它至少不会咬你。”

主人家居不远的地方，有北势溪环绕，山下有个秀丽的大舌湖，假日常有青年到这里露营。青年人所到之处，总是垃圾满地，鱼虾死灭，草树被践踏，然后他们拍拍屁股走了，把苦果留给当地居民去尝。他说：“二十年前，我也做过青年，可是我们那时的青年好像不是这样的。现在的青年几乎都是不知爱惜大地的，看他们毒鱼的那种手段，真是令人毛骨悚然，这里面有许多还是大学生。只要有青年来露营，山上人家养的鸡就常常失踪。有一次，全村的人生气了，茶也不采了，活儿也不做了，等着抓偷鸡的人。最后抓到了，是一个大学生，村民叫他赔一只鸡一万块，他还理直气壮地问：天下哪有这么贵的鸡？我告诉他说：一只鸡是不贵，可是为了抓你，每个人本来可以采一千五百元茶叶的，都放弃了，为了抓你我们已经损失好几万了。”

这一段话，说得在座的几个茶农都大笑起来。另一个年纪大的茶农接着说：“像文山区是台北市的水源地，有许多台北人都怪我们把水源弄脏了。其实不是，我们更需要干净的水源，保护都来不及，怎么舍得弄脏？把水源弄脏的是台北人自己，每星期有五十万台北人到坪林来，人回去了，却把五十万人的垃圾留在坪林。”

在山上茶农的眼中，台北人是骄横的、自私的、不友善的、任意破坏山林与溪河的一种动物。有一位茶农说得最幽默：“你看台北人自己把台北搞成什么样子，我每次去，差一点儿窒息回来！一想到我们辛辛苦苦种出来的最好的茶要给这样的人喝，心里就不舒服。”

谈话的时候，他们几乎忘记了我是台北来客，纷纷抱怨这个城市。在我们自己看来，台北城市的道德、伦理、精神，只是出了问题；但在乡人的眼中，这个城市的道德、伦理、精神在几年前早就崩溃了。

主人看看天色，估计我们下山的时间，泡了今春他自己烘焙出来的最满意的茶。那茶还有今年春天清凉的山上气息，掀开壶盖，看到原来蜷缩的茶叶都伸展开来，感到一种莫名的欢喜。心里想着，这是一座茶乡里一个平凡茶农的家，我们为了品早春的新茶，老远从台北来，却得到了许多新的教育：原来就是一片茶叶，它的来历也是不凡的，就如同它的香气一样，是不可估量的。

从山上回来，我每次冲泡带回来的茶叶，眼前仿佛浮起茶农扒一口饭睡着的样子，想着他口中发酵的一口饭，说给朋友听，他们一口咬定：“吹牛的，不相信他们可能忙到那样，饭含在口里怎么可能发酵呢？”我说：“如果饭没有在口里发酵，哪里编得出来这样的故事呢？”朋友哑口无言。

然后我就在喝茶时反省地自问：为什么我信任只见过一面的茶农反而超过我相交多年的朋友呢？

疑问就在鼻息里化成一股清气，在身边围绕着。

猫空半日

坐在茶农张铭财家的祖厅兼客厅兼烘焙茶叶的茶坊里，我们喝着上好的铁观音，听着外面狂乱的风雨，黄昏蒙蒙，让人感觉这一天真像梦一样。

我们坐的这个临着悬崖的地势，有一个非常奇特的名字——猫空。从门口望出去，站在家屋前那株巨大的樟树，据说已有一百多年的历史了。

左边有两株长得极像莲雾的树，名字叫香果，在风雨中落了一地。风雨虽大，并且阵阵扑进窗隙，但房中的茶香比风雨更盛，那是昨夜烘焙好的一笼铁观音，还在炉子上冒着热气，铁观音特殊的沉厚之香，浓浓地从炉子上流出来。

“猫空，真是奇怪的名字！”我说。

张铭财听了笑着说：“我也觉得怪，但如果你用闽南语发音就不怪了，空就是洞，这是猫洞。为什么叫猫洞呢？因为三面屏障，中间留下一个小通口，让猫进出，所以叫‘猫洞’。你看外面风雨这样大，其实不用担心，吹不进猫洞的。”

“怎么确定吹不进来呢？”

“因为我们家在这里，从我祖父开始，已经住了快一百年了。”张铭财得意地说，“我家的位置是很棒的，从风水上说，我家的地方是美人座，对面的指南山背是铜镜台，这在风水上叫‘美人对镜’。”

我们顺他的眼光望去，正看到指南山的翠绿向两边开展出去，中间隔着一条幽深的谷口。

张铭财是在猫空这间老厝出生的，他说他从四岁就开始到茶园去采茶了，和茶结下不解之缘。如今他家墙上挂着满满的茶赛得来的奖状，是他三十多年努力的成绩。

我们翻开台湾茶叶的历史，找到铁观音的条目，上面这样写着：

> 相传“铁观音茶”名称之由来，系清乾隆年间，福建安溪魏荫氏在一观音寺的山岩发现一株茶树，认为是观音菩萨所赐，几经移植繁殖，由于叶片厚重制成的茶叶色泽如铁，而称之为“铁观音”。清光绪二十二年（1896 年）张乃妙、张乃乾兄弟由安溪携铁观音茶苗十二株在木栅樟湖（今指南里一带）种植，逐渐繁殖迄今，当地茶园面积达七十公顷，是全台正宗铁观音茶产地。

张铭财正是张乃妙、张乃乾兄弟的后人，而在这一个山谷里种铁观音维生的，也都是姓张的，屈指一算，有近百年的历史。张铭财家最早的祖厅现在还屹立着，红瓦砖墙，十分优美。他说，那是来自福建安溪的人亲手盖成的。

正言谈间，我们看外面的风势渐渐大起来，黄昏渐渐深了，想起立告辞。张铭财却说：“再坐一下嘛，山里没有什么好东西招待你们，只有这茶。这茶是我妈妈一叶一叶摘的，是我炒的，我太太泡的，你们不喝光就走，真是太可惜了。”

我们只好把风雨暂时在心底封藏，用心地品起铁观音的滋味来。这铁观音真是与我平常所喝的茶大有不同，可能是刚烘焙出来，也可能是主人的热情，使我们不仅喝出了那深厚的香醇，也品到了山香云气。再加上张太太冲茶的方法十分独特，这铁观音的香气直冲云霄，把我日常喜爱的冻顶与武夷远远抛在后面了。

在厚实的饭桌上喝茶，使我思及今天奇特的缘分。昨夜新闻刚发布了“佩姬”台风将在今天登陆的警报，清晨，一位疯狂的朋友打电话来说：“到山里去喝茶，看风雨吧？”

“下午有台风呀！”

“台风晚上八点才登陆，紧张什么？”

什么山呢？

朋友说，在木栅指南山有一个开放的茶园，山上有一栋木造的现代建筑，临着高高的窗口，可以看到整个绿茸茸的山谷。“并且，那里有着上好的铁观音与包种茶，保证不虚此行。”

我们便沿着指南路开始往山上开去。一入山，发现这一整片山除了林木，就是茶园，茶园虽然没有什么变化，但只要想到它的芳香，那每一片茶叶都美丽了起来。走过了樟山寺，“佩姬”的裙摆便开始浪漫地摇摆起来了。

一路上走走停停，绕过瓦厝、樟湖，时常有动人的视野出现，尤其到了樟湖的坳口附近，同时有三条彩虹出现：天上一道，山谷里也有两弯。在糅合着雨丝与阳光的午后，有一种出尘之美，朋友说:“看到这三条彩虹，再大的风雨也值得了吧？”

等我们到达了传闻中美丽的建筑，才知道这栋外表全以红砖建造，内部由木头构成的楼房名称是“台北市铁观音、包种茶展示中心”。名字虽然俗气，内部倒是十分雅致。它背山面谷，一望无际。我想，在这样的地方喝茶，不管什么茶都会好上三分。

可惜福缘不够，这展示中心已经打烊了，我们虽然一再拜托，但中心的人因为要赶着下山，便不能招待我们了。这时，走过来一位年轻帅气的青年热情地说：“你们要喝茶，请到我们家来吧！”

这位青年就是眼前的张铭财。

他把我们带回家的时候，他的母亲和妻子并不感觉意外，那是因为他时常带人回家里喝茶。在他家的前庭还盖了一个露天饮茶的石桌椅，可惜风雨太大，使我们不能在户外喝茶。

张铭财对他自己所种的茶叶有十足的信心。他说自己在茶树中长大，由于住在深山之中，对物质早已没什么欲望，他最大的理想是研究茶的品种与技术，希望能种出更好的茶来。

“做出更好的茶，实在是一个茶农小小的心愿呀！”他看着窗外，谈起了他回到茶乡的一些心情。

张铭财退伍的时候很有可能在平地发展，但最后他选择回到家乡。那是因为他找到一位贤淑的妻子，她为了鼓励他继续在茶方面发展，同意随他搬到山上，才使他更安心地在山上种茶。他现在是木栅观光茶园的示范户，平时又在茶展示中心上班，生活过得非常惬意。

张太太说，刚住到山上来有些不习惯，日子久了，习于山上平静的生活，也懒得下山了。他们有两个小孩儿，都很活泼可爱，这样的风雨天还在屋前的茶园玩耍。我想着：这会不会又是铁观音的新一代呢？

天色已暗，我们才不舍地告辞。张铭财的母亲赶紧跑进屋内，提了一袋她早上才从竹笋田挖来的竹笋，说："山里没有什么招待你们，带点儿竹笋回去吧！"情不容辞，我摸摸竹笋，感觉到一种山上人家特有的温暖——这才是人的真实，只是我们久为红尘所扰，失去了这种真实吧！

回到家里，打开随手在茶展示中心拿的简介，上面有两段描述茶的味道的句子，很有意思：

> 铁观音茶：形状半球紧结，冲泡之茶汤水色蜜绿澄清，香醇有独特之喉韵。
>
> 包种茶：形状条索整齐，冲泡之茶汤水色蜜黄澄清，甘怡有清雅之花香味。

有时候，我们喝一壶茶，知道某种联想、某种韵律，是从生活的温暖与真实中泡出来的，那么不仅是茶，连人情世界都是蜜绿澄清、香醇甘怡有独特的韵味了。

茶与杯的玄思

故乡的体育场附近有一个老人聚集的茶亭，终日都有老人在那里喝茶开讲。我回乡居住的时候，总爱去那边闲坐，听听老人在生活中的智慧与品味。

由于茶亭少有年轻人去，我刚去的时候，老人有些惊疑，后来知道我是后发哥仔的后生，立刻就冰释了，还热情地说："来，这是你老仔生前常坐的地方。"

我发现老人有一个非常明显的特质，就是有说不完的话。他们几乎可以终日聊天而话题不断，从国会打架讲到强奸杀人，从春耕播种说到西瓜落价，从台东的天气真好扯到屏东某村落三十年前下冰雹……有时候对世事的知情与议论，一针见血的观点犹胜许多在电视上胡扯的知识分子。

有一天，一位阿伯仔听到别人说"西瓜好吃，可惜多子"的议论，他说："现在的世事，现代的人情比西瓜的子还要复杂。"

别的老人就问："你是怎样看的？"

"这真奇怪，"老人自信满满地说，"卡早[①]的人一把雨伞可以用很多年，现在的人一年用很多把雨伞；卡早的人一双皮

---

① 卡早：台湾地区的俚语，意为很早以前的意思。

鞋穿十几年，现在的人一年买十几双皮鞋；卡早的人一个春天只做耕种一件事，现在的人一天做许多件事，乱到看不见一个春天……”

他说得其他老人无不点头表示同意。

他的议论犹未尽。老人的谈话有一特色，就是凡有议论都可以尽情诉说，别人不会随便插嘴。他又说：“只要想想，这样的生活怎能不复杂？光是每天出门要穿哪双皮鞋、哪件衣服就要动半天脑筋了。我孩子订了两份报纸，一早开门，连信箱也塞不进去。你看，一天就发生这么多事情，咱的一世人加起来，也没有那两本报纸厚。现在的人光是看报纸，就浪费多少时间，生命哪会得到清明呢？”

“复杂也没什么不好，表示现在的生活富裕了呀？”一个老人说。

阿伯仔讲：“复杂有什么好？复杂的人就没有单纯的心情，生活便不会踏实和朴实了。一日到晚像苍蝇找糖膏，飞过来又飞过去，不知道无闲是赴死……”

讲到这里，一个老人站起来为大家斟茶，阿伯仔突然大有所悟地说：“对了，就像一把茶壶一个杯，这就是单纯的心情。我们如果只有一把茶壶一个杯，才不会计较喝的是什么茶。一斤一百元的茶枝，饮起来也真有滋味。假使一把茶壶几个杯子也很好，因为大家喝的都是同款的茶，没什么计较。现代人的生活就是好几把茶壶，倒在几十个茶杯，这就复杂了。大家总会想，别人的茶壶里不知道是什么茶，想喝一口看看，喝不到就用抢的。喝好茶的人也想喝另外的那壶，久了以后，即使是坐在一起喝茶的人，心里也充满了怨恨和忌妒……”

这一段说得好极了。老人们都沉默地喝着眼前一壶由老人会提供的廉价茶叶，觉得滋味甚是美好。

阿伯仔意犹未尽地说：“就像我们现在看黄昏的夕阳。一个夕阳，古时人看起来和现代人看是一样的。站在平地和站在山顶上看，夕阳也都是同款的美。但是如果心情复杂，站在这山看那山高，夕阳永远没有最美的时刻。”

众人一听，都同时望向夕阳的方向，原来日头已西斜。经老人一说，今天的夕阳看来真是特别的美丽，余晖遍照大地。

“有一天，我的孙子问我：‘阿公，世上什么东西最好吃？’我说：‘饿最好吃。’他又问我：‘阿公，什么是最好的心情？’我说：‘单纯最好。’他又说：‘阿公，幸福是什么？’我说：‘平安是福。’”

聊到这里，该是散会“阿公回家吃晚饭”的时候了。大家欢喜地站起来各自走路回家，相约明天再来开讲。我踩着夕阳流金一样的草地回家，想到老人说的“饿最好吃”，感到肚子真的有些饿了，妈妈煮的菜的芳香竟飘到体育场两公里外的路上来了。

住在乡下的日子，真的感觉到单纯的心情是一种最美的心情。在城市生活的日子，我们每天总是在追求一些目标，生命的过程往往就无意间流失，我们的追求越来越复杂，使人人就像苍蝇一样飞来飞去。

我想到幼年住在外祖母的家，每次和表兄弟相约吃完饭出去玩，我们总是无心吃饭，胡乱扒一扒就要溜出去。外祖母总会拿拐杖敲我们的头，说：“你呷那么紧，要去赴死吗？”然后她说：“你不慢慢吃，怎么知道我们台湾的米多么好吃？”

有一次，我看到报纸上一条名牌跑车广告。广告词说：“加速到一百公里，只要九秒钟。”就思及外祖母的话：“你驶那么紧，要去赴死吗？”台湾俗语里说：“呷紧弄破碗。”确实含有人生的至理。

一个复杂的社会勾起了人更复杂的欲望。复杂的欲望则搅乱了单纯的心，使我们不知道能坐下来谈天说地是生命的一种至美，使我们不知道踩着夕阳在小路上回家是生活中必要的历程，使我们忽略掉吃妈妈煮的稀饭配酱瓜是比大饭店的山珍海味更值得珍惜的。

我想到有一回看一位老人从脚上拔下一根脚毛放在桌上，义正词严地说：“我们不能小看自己的一根脚毛。”

众人愕愕。

他说：“这根脚毛存在的条件，说来是很深奥的，先要有脚、有活着的身体。然后要从小吃饭、穿衣、父母照顾，才能长出一根脚毛。然后，脚毛存在是因为我们存在。我们要有父母、无数的祖先，祖先要个个穿衣、吃饭，平安长大则要有地球的生机，太阳的培育与月亮的生息。你看，这小小的一根脚毛不是单独存在的呀！”

我们如果不能珍惜、重视、疼爱自己的一根脚毛，那就是有负于天地众生了。现代人不能维护单纯的心，是往往误以为复杂地飞来飞去能追求更美好的生命。殊不知，再复杂的事物也比不过一根脚毛呀！一切多变的云霞与彩虹的多彩背景就是一片蔚蓝的天空。不知道单纯之好的人，就是从未看见天空的人。

好好地饮眼前的这杯茶吧！细细品味当下的这碗饭吧！生命没有第二个此刻。让我们承担这个此刻，进入这个此刻。因为，饿最好吃，单纯最好。

第四章 入清凉地

茶的真滋味，禅的真境界，唯有平常心乃能知之。

私房茶与私藏茶

茶味禅味
味味一味
诗心佛心
心心相印

我有一位卖茶的朋友，他和太太在热闹的市街开了一家大的茶行。

夫妻俩都懂茶、爱茶、喜欢喝茶，他们蒙起眼睛喝茶，几乎可以同时叫出茶的名字。

这当然有点儿稀奇，更稀奇的是，凡是摆在店里卖的都是次好的茶，最上好的茶是不在店里卖的。

每年在春茶和冬茶盛产的时候，他们夫妻就会到各地的茶山去找茶、品茶、买茶，大部分的茶都是普通的，只有很少的茶是上好的。

运气好的年冬，可以找到几百斤上好的茶；运气差的年冬，只能有几十斤上好的茶。

普通的茶卖给普通的客人，上好的茶只卖给上好的顾客。

“上好的顾客”并不是有钱的顾客，而是懂茶、爱茶、喜欢喝茶的顾客，因为他的“上好的茶”也不是“最贵的茶”。

这一对伉俪，把找回来的好茶藏在地下室的冰柜里。当老客人来买茶时，就像情报员在交换情报，两人窃窃私语，讨价还价，谈的并不是价格，而是那个客人值得卖出几斤。

“卖两斤给他好了，剩下的茶不多。”茶太太说。

“他对我们茶行很照顾，我看多给两斤吧！”茶先生说。

“最多最多三斤，另一斤留给我。”茶太太又说。

最后，茶太太从地下室抱出三斤茶，对顾客说：“真对不起，今年只剩下这三斤好茶了。”

与先生拉扯而留下的一斤茶，可能就会藏在衣橱、米缸、花盆，或者是更隐秘的地方。

等到茶先生把地下室的茶卖完了，有朋友上门买茶，先生就开始翻找家里各个秘密的角落，每次从不可思议的地方找出一斤茶来，就会大叫：“我找到了！我找到了！”

茶太太会又好气又好笑地跑出来：“糟糕！这是我要留着自己喝的，你都找出来卖，卖光了，我想喝的时候就要憋到死了！”

有一次，我去找茶先生买茶，当年上好的春茶已全部卖光，地下室空空如也，我们费了九牛二虎之力，才在米袋里找到一斤茶。

这回，茶先生没有大叫“我找到了！”反而把食指放在唇上，示意我不要出声，好像两个偷了母亲私房钱的小孩子，大气也不敢喘地坐在亭前喝可能是那一年最好、一定是最后的一泡春茶。我们完全沉醉在春茶的芳醉的时候，母亲回来了。

不是母亲，是茶太太买菜返家，菜篮放着，挥汗如雨，说：

“老仔，倒一杯给我！”

茶太太端起茶来，只吸了一口，她脸上的表情完全是抓到孩子偷钱的样子，眼睛直直地瞪视丈夫，长叹一口气：“这是我的最后一斤茶呀！”

茶先生看看我，也叹了一口气：“这辈子品茶，恐怕永远也追不上我太太了！”

那一刻，我非常非常感动，端起茶来，仿佛是喝着由感动所结成的泪水。这一对隐居在台北东区的寻常夫妻，不仅是茶的伴侣，也是茶的知己。在品茶方面，有一般人难以企及的境界。

茶的滋味、禅的滋味、诗的滋味、生活的滋味是平等而无差别的，因此，不应该看重这个而忽视那个。对于心灵更细腻、更柔软、更提升的境界，从哪一个入口进去都是好的。

宇宙之味、佛菩萨之味、凡夫之味，原来只是一味，端看品尝的深浅罢了。

如来之心、禅师之心、诗人之心，原来只是一心，只问印证的清浊而已。

深浅或清浊不假外求，就从眼前的这一味、当下的这一念契入吧！

这些年来，我的写作虽然不像私房茶或私藏茶，只献给少数的人，但我总是深信：知味的人一定能品出我泡出来的好茶。

我也总是深信：在热闹的人生中，喝到一杯好茶，并且能深深地知味，是难得的幸福呀！

茶禅一味

半岭薄云萦，中天月色清。

秋来多夜坐，煮茗待钟声。

——圆至禅师

赵州禅师有一则著名公案，就是每当有新到的僧人，他总是会问："你来过这里吗？"

僧人说："来过。"

他就会说："吃茶去！"

然后他问另一位新到的僧人："你来过这里吗？"

那人说："没来过。"

他也会说："吃茶去！"

寺院的院主看了大惑不解，就问道："为什么来过的您也说吃茶去，没来过的您也说吃茶去呢？"赵州于是叫院主的名字，院主答声。赵州就说："吃茶去！"

这则公案可以参的地方很多，例如道在寻常日用间，例如平等地对待，例如任运自在等。历来有许多人解过这则公案，我们今天换一个角度来看看喝茶这件事，在禅宗的修行里占了什么样的位置。

喝茶在从前佛教的丛林是很重要的事，特别是禅寺都设有茶头，就是掌管喝茶的人。他的职司包括佛前献茶、众中供茶，或客来飧茶等，凡是有关喝茶的事都是由他主掌。在大丛林里，茶头往往不止一位，而且在首座寮、维那寮、知客寮、侍者寮都设有茶头一职，称为“四寮茶头”。每位茶头下面还有几位杂役供使令，称为“茶头行者”。这样算起来，一座寺院里就有十几位专门以茶为职的人，人数不能说不庞大了。

丛林里还设有茶堂，有的是方丈待客之地称为“茶堂”，也有另设茶堂的。每天有固定时间喝茶，喝茶时要打茶鼓通知所有的僧众。有一些寺院门前还特设施茶僧，为游寺或朝山的人施茶。

在《百丈清规》日用规范里曾说：“茶汤之礼乃丛林重要行事，不得慢易仓皇，列位时不得缺席。”又说：“若有茶，就座不得垂衣，不得聚头笑语，不得只手揖人，不得包藏茶末。”可见喝茶规矩很多，是一件庄严、清净的事，也可说是修行的一部分、禅定的功课。特别是坐禅时，每坐完一炷香就要下座饮茶，以提神益思，利于开悟。早上起床时，禅僧要先饮茶再礼佛，饭后也是先饮茶再做佛事。因此，一般禅僧一天喝几十碗茶是很普通的。

唐朝以前，寺院里喝的是加料茶，就是和香料、果料同煮，称为“茶酥”。到唐代以后，禅茶大盛，遂成为单纯饮茶，不再加味了。

禅僧的善于做茶、善于饮茶、讲究茶礼，都对民间产生了巨大影响。

例如，中国许多名茶是寺院种植和制作出来的，像碧螺春茶，产于江苏洞庭山碧螺峰，原名为“水月茶”，是洞庭山水月院山僧首先制作的。乌龙茶的始祖福建武夷山的武夷岩茶，宋元以来以武夷寺僧制作的品质最佳。明代僧人制作的大方茶，则是安徽南部屯绿茶的前身。

例如，现代人所喜爱的紫砂陶壶，是明代江苏宜兴金沙寺的一位老僧创制的，后来成为宜兴壶的代表。

例如，被喝茶的人奉为“茶圣”“茶神”的陆羽，他出身于寺院，一生的行迹也没有脱离过寺院。他的经典作品《茶经》就是遍游各地名山古刹，亲自采茶、制茶、品茶，并广泛吸收僧人的饮茶经验，加以总结的成果。

唐代封演的《封氏闻见记》里说：“开元中，泰山灵岩寺有降魔师，大兴禅教学禅，务于不寐，又不夕食，皆许其饮茶。人自怀挟，到处煮饮。从此转相仿效，遂成风俗。”我们想想那时的禅僧带茶壶到处煮饮的情景，特别有一种亲切之感。

不只是喝茶，茶的比赛也是从前在寺院里就有了。宋代著名的浙江余杭径山寺，经常举行由僧人、施人、香客共同参加的小茶宴，进行品尝、鉴评各种茶叶的品质，称为“斗茶”。当时还发明了把嫩芽茶碾成粉末，用开水冲泡的“点茶法”。这种喝茶的方法后来传到朝鲜和日本，成为“抹茶”。日本人至今还喜爱这种方式，可惜在中国已经失传了。

读了许多禅寺与茶的相关记载，使我们知道茶与禅可以说是“茶禅一味”。因为茶也可以导引我们的心灵通向单纯、超越、无争、宁静、自由，使人能自然地通向禅道，那种纯朴无华、庄严和谐的风格对于禅定也大有助益。雪窦禅师有一首偈颂：

> 前箭犹轻后箭深，谁云黄叶是黄金。
> 曹溪波浪如相似，无限平人被陆沉。

这虽不是写茶的诗，但把“黄叶是黄金”拿来形容茶禅之味，却是非常恰当的。对庸俗以黄金为贵的人，可能把禅心茶道看成黄叶一文不值；而对清越高迈的人，一壶好茶比黄金为贵，更不用说茶里有觉悟与菩提之思了。

曹溪禅海的波浪今犹在，可惜的是我们继承了茶的雪沫乳花，却很少有人愿意从金黄的鎏金岁月中，看看那清湛盈满的心水罢了！

不可一日无茶

到外地旅行，我习惯带一罐茶叶，因为只要几天不喝茶就觉得浑身不对劲，很容易感冒、疲累或下痢。

一旦每天都有茶喝，不只百病不侵，而且精神飒爽。因此，对于茶叶有身心的助益我是深信不疑的。

旅行的时候不能静定下来喝茶，只能因地制宜，以热开水泡大杯茶，但觉有茶就好。如果是在家，从早到晚，日饮百杯，对我也是常事。茶对我不只是水，是饮料，也是日常保健的药。

茶在中国，最早不是饮用，而是药用。最早关于茶的神效之传说，是神农氏爱民如子，为了救治百姓的病，亲自采药，遍尝百草。

有一次，神农氏尝了一种青绿色的滚山珠中毒，昏死在树下，树的汁液滴入他的口中，因而得救。那株树就是茶树，神农从此发现茶有解百毒的神效，采药时常携带茶叶随身，每次中毒都靠茶来解毒。

最严重时，神农氏曾一天中毒七十二次，全依茶渡过险关。

还有一个传说。神农有一天在野外以釜锅煮水，一片叶子落入水中，芳香四溢，神农喝了之后，发现了茶的神效。

最后，神农尝到一种剧毒的植物叫“断肠草”，连茶也不能解，就丧命了。

神农与茶的传说，记载在《神农本草经》里。这本书作于秦汉年间，因此至少在战国时代我们的老祖先就知道喝茶，以茶作药了。

茶，起先是用于药，慢慢从医疗的功效转到精神的层面。

东晋时代，以“闻鸡起舞”留名青史的志士刘琨，在给侄儿的信中说：“前得安州干姜一斤、桂一斤、黄芩一斤，皆所须也。吾体中溃闷，常仰真茶，汝可置之。”

刘琨每次有郁闷之气，都仰赖茶的效用。我们或可以想见，他在天色微明之际，舞剑之前，先饮“真茶”[①]一杯的情景。

由于茶可以治体中的溃闷，才逐渐与禅的修行结合。因为与修行结合，饮茶才提升了艺术与生活的境界。

关于茶与禅的结合也有一个传说。

达摩祖师东来中国，在少林寺面壁，誓言无眠禅定九年，以警醒世人。但到第三年就常打瞌睡，羞愤的达摩遂把眼皮撕下来丢在地上，结果地上长出一株树，双叶并生，有如眼皮，弟子们采了叶子来饮用，发现能益神醒脑，就开始了禅寺饮茶之风。

传说当然是无稽之谈，达摩祖师何许人也！然而，在唐朝的禅寺饮茶之风大盛，则是真的。莫说赵州禅师“吃茶去”的公案流传千古，降魔大师教禅时也要弟子喝茶省睡。百丈禅师

① 真茶：指好茶、名茶。

设立《丛林清规》时甚至设茶座、茶头，有的大寺院光是泡茶的茶座就有十几个。

紫砂壶则是禅僧云水行脚时，为了便利随身携带而发明的。历代寺院附近都是名茶产地，每年春天在寺里“斗茶”提升了茶的品质……这都说明了茶与禅有不可分的关系，但这是后话。我们再回到茶的功效上来吧！

汉代《神农本草经》：“茶味苦，饮之使人益思、少睡、轻身、明目。”

汉代《神农食经》：“茶茗久服，令人有力、悦志。”

东汉神医华佗的《华佗食论》：“苦茶久食，益意思。”

梁代陶弘景《杂录》：“苦茶轻身换骨。”

唐代《唐本草》：“茗味甘苦，微寒，无毒，主瘘疮、利小便、去痰、热渴，令人少睡。”

唐代陈藏器《本草拾遗》：“茶久食令人瘦，去人脂。”

唐代陆羽《茶经》：“茶之为用，味至寒，为饮最宜。精行俭德之人，若热渴凝闷，脑疼目涩，四肢烦，百节不舒，聊四五啜，与醍醐甘露抗衡也。”

从这些文献里，我们就知道唐朝以前的人就认识到茶的功效不少，不仅可以使人省睡、明目、有力气、精神愉快，还可以减肥，增加思想的敏锐，甚至不输于“醍醐甘露”。唐代刘贞德把这些好处总合起来，称茶有十德：

以茶散郁气。以茶驱睡气。

以茶养生气。以茶除病气。

以茶利礼仁。以茶表敬意。

以茶尝滋味。以茶养身体。

以茶可行道。以茶可养志。

宋代以后，对茶的研究也更深入了。我们举一些典籍来看：

宋代苏轼《茶说》：“浓茶漱口，既去烦腻，而脾胃不知，且苦能坚齿，消蠹。”

宋代吴淑《茶赋》：“夫其涤烦疗渴，换骨轻身，茶荈之利，其功若神。”

明代顾元庆《茶谱》：“人饮真茶，能止渴消食，除痰少睡，利水道，明目，益思，除烦去腻，人固不可一日无茶。”

明代李时珍《本草纲目》：“茶苦而寒，阴中之阴，沉也，降也，最能降火。火为百病，火降则上清矣！然火有五，火有虚实。若少壮胃健之人，心肺脾胃之火多盛，故与茶相宜。温饮则火因寒气而下降，热饮则茶借火气而升散。又兼解酒食之毒，使人神思爽，不昏不睡，此茶之功也。”

李时珍到底是一代大师，在他的《本草纲目》里首次提到茶的缺点，他说：“虚寒及血弱之人，饮之既久，则脾胃恶寒，元气暗损。”

清代黄宫绣的《本草求真》更进一步说到，为什么虚寒血弱的人不能喝茶，他说：“茶禀天地至清之气，得春露以培，生意充足，织芥滓秽不受，味甘气寒，故能入肺清痰利水，入心清热解毒，是以垢腻能降，炙厩能解，凡一切食积不化，头目不清，痰涎不消，二便不利，消渴不止及一切吐血、便血等服之皆能有效，但热服则宜，冷服聚痰，多服少睡，久服瘦人。空心饮茶能入肾削火，复于脾胃生寒，万不宜服。”

这也是首先提出了“空腹不宜饮茶”的见解，以免伤害肾脏和肠胃。

除了虚寒、血弱、空腹不能喝茶之外，茶是有百利的。在《旧唐书·宣宗本纪》里有一则记载：

东都进有一寺僧，年一百三十岁，依然身体健康，精力旺盛。唐宣宗知道了，很觉奇怪，传他进宫去问：“你如此长寿健康，是不是吃了什么仙丹妙药？”老僧答道：“臣少也贱，素不知药性，唯嗜茶，凡属至处，唯茶是求，或饮百碗不厌。”

一天喝一百碗茶，活到一百三十岁，这使我想起苏东坡的两句诗：“何须魏帝一丸药，且尽卢仝七碗茶。”

由于饮茶的这种神效，日本“茶祖”荣西禅师到中国求禅法时，一边研究佛法，一边研究喝茶。回日本时，在行囊里带了大量的佛经和茶树的种子。

荣西返回日本后，把茶籽种在肥前（今佐贺县）的背振山，同时把茶籽送给拇尾（今宇治县）高山寺的明惠上人。现在，佐贺的嬉野茶和宇治的玉露茶都是日本名茶，可以说是历史悠久。

荣西对日本茶道的贡献除了带回茶籽，还写了一册《吃茶养生记》，可以说是日本茶的理论先驱。他一开头就说：

茶也，养生之仙药也，延龄之妙术也。山谷生之，其地神灵。人伦采之，其人长命也。

荣西禅师把茶说得更神奇了，说是只要能长出茶的山谷，那个地方一定有神灵守护；而能采茶吃的人，一定能长命。他不只这样相信，还这样实践，当时曾亲自用茶叶治好大将军源实朝久治不愈的糖尿病。

荣西禅师说："贵哉茶乎！上通诸天境界，下资人伦矣！诸药各为一病之药，茶为万病之药。"

自此，喝茶风气在日本也为之大盛，但这时日本茶道只在寺院流行，有药用倾向。一直到四百年后，千利休提出"和静清寂"，茶道才算大备。

日本名僧明惠上人也倡导茶有十德之说。我们可以和前述刘贞德的十德互相参看：

一、诸天加护。

二、父母孝养。

三、恶魔降伏。

四、睡眠自除。

五、五脏调利。

六、无病息灾。

七、朋友和合。

八、正心修身。

九、烦恼消减。

十、临终不乱。

明惠上人的十德虽然宗教性强，却不免偏于形上，许多是“想当然耳”。

到了近代，茶的研究更科学，功效也更明确清晰。除了古人所知的功效，还有防治坏血病、抗癌的功能，还能治疗糖尿病、胃肠炎、黄疸型肝炎、皮肤病、高血压、动脉硬化等，甚至还可以防治辐射的伤害。

饮茶的功效如此，不喝茶的人损失可大了。

但是，喝茶的人如果老是想到功效，那境界就低了，茶给我们身心的利益可以说是“犹其余事”。正如铃木大拙说的：“茶与禅之所以相通，全在一个‘纯’字。”纯的心喝纯的茶，是最好的。

黄庭坚曾在一只茶碾上写过《茶磨铭》，是我时常写在茶罐上的句子：

楚云散尽，燕山雪飞。

江湖归梦，从此祛机。

每次带着写了这句子的茶罐旅行，不管身处何方，或在异邦的旅店，或在山野的客栈，都感觉到人生只是客居，江湖难以归梦，人生不能祛机，只要能“诗思禅心共竹闲，任他流水向人间”。不看燕山，燕山也会雪飞；不管楚云，楚云自然散尽！

无不是茶

朋友介绍我们到一家专卖外国茶的茶店喝茶，当茶单拿来时，我们都傻了：上面除了英文、法文、西班牙文，还有意大利文和德文，就是没有中文。

在每一种茶的旁边，有植物的图片，但草本植物的长相原本就很接近，我们看了半天，犹不能辨认，只好把服务员叫来。

“这是什么茶呢？”我指着一个名字和一张图片。

“不知道。”服务员笑着说。

“那这又是什么茶呢？”我指着另一张图片。

“不知道。”她依然笑着说。

“你都不知道，叫我们怎么点呢？”

“你就点那看起来顺眼的吧！我们这里的茶有五十几种，我怎么会都知道呢？”

我随便点了一杯玫瑰茶。把茶单拿来一看，果然有五十几种，我认识的有伯爵、苹果、柠檬、薄荷、覆盆子等二十几种，都算是加味茶。至于那些强调自然的草茶，有很多见都没见过。喝玫瑰茶的时候我就想着：到底什么是茶呢？这世界关于茶的定义是什么？是一定要由茶树采下的才叫茶？或者是只要能泡出滋味的叶子都叫作茶呢？如果是茶树采下的才是茶，我们想到的也有很多种：乌龙、武夷、包种、铁观音、龙井、碧螺春、毛尖、银针、普洱茶、祁门红茶、六安瓜片等。

如果是可以泡出滋味的叶子或花朵都可以叫茶，那就更多了，大部分的花朵只要无毒就可以做茶：菊花、玫瑰、桂花、茉莉、蔷薇等。关于叶子，我曾读过一本介绍药草茶的书，光是可做茶的草药就有一百三十七种，我喝过的菩提叶、芭乐叶心茶、艾叶茶、紫苏叶茶等，有许多是独沽一味，滋味也不输给茶。

当我们把茶的定义放宽时，可以说是无所不茶，无不是茶，没有一个特别的东西叫作“茶”了。

好的茶固然重要，喝茶的心情、环境和朋友，似乎比茶还重要。因此，我们思维茶的要素，茶叶当然不是唯一的。假若把茶叶当唯一的要素，置心情、环境、朋友于度外，就不算是会喝茶的人。

在喝茶这件事情上，有许多比茶叶更重要的事。在“茶、泡茶、泡好茶”与“坐、请坐、请上坐”之间，一杯茶的心也完全不同了。

近些年来，禅风盛行，禅被拿来与茶结合，甚至也成为茶的要素之一。于是，我们在茶艺馆里经常看到墙上挂着“禅”“佛”“茶禅一味”“随缘”等字句，甚至茶壶、茶杯上也都写着“禅”字。

这使我想起读小学的时候，当时还是口号时代，教室墙上都写满了教训孩子的字句。慢慢地我才悟出来：越是没有“礼义廉耻”的地方，墙上就会写“礼义廉耻”；越是“忠孝仁爱信义和平”失落的时代，越是写着这八个大字；越是年纪大的人，越喜欢人家高喊“某某某万岁”“福如东海、寿比南山”。这道理极容易明白，街头写着“此处禁止停车”，必是停车严重之区；巷尾写着“倒垃圾者是狗”，一定是垃圾泛滥之地。

以此类推，到处写着“禅”的地方不一定有禅；用写着“禅”字的茶杯喝茶，不仅难以体会禅之妙义，反而显得俗气了。

禅自然是有的，但不是写在墙上，画在茶杯上。它和茶相同，也可以说是无所不禅，无不是禅，却也没有什么特别的东西叫作“禅”呀！

茶在空有之间，禅也在空有之间，要使茶禅一味，因而十分艰难。是不是要先去学泡茶，或者先去学坐禅，才能找到其中相通的要素呢？

然而可能也很简单的。假如一个人在喝茶时有一种单纯的心，活在当下，无我无相，心智空明无碍，解脱了欲望与俗情的束缚，在茶里，就有了禅心。

一个焦渴赶路的人，一个流汗劳动的人，一个整天劳累的人，一个为生活艰辛而奔波的人，或甚至一个为求解脱之道终日宴坐竭思的人，在旅店、客栈、驿站停驻片刻，喝到一杯清茶，就在那杯清茶溶入充满，心思无住，那短暂的一刻，是不是能体验到茶禅一味呢？

若没有预设的立场，没有分别的心，茶禅本来就是一味呀！

若不要在“茶里找缠”，不在“禅里找渣”，只是平常的生活，有单纯的心就很好了。

因为茶不在禅里，禅也不在茶中，茶或禅以及生活的一切恼害都化成一缕轻烟，飞向空无的所在，那就是茶禅一味了。仰山慧寂禅师曾写过一首偈：

> 滔滔不持戒，兀兀不坐禅。
> 酽茶三两碗，意在镢头边。

意思是说，持戒与坐禅并不是一种特别的情境，对胸怀开阔有如滔滔江海的人不必刻意地持戒，对一个内心平静、智慧无波的人也不必有坐禅的形式。每天过着寻常日子，喝三两碗酽茶，一切的禅意就在里面了。

现在，茶的品质提升了，使我们对茶有许多讲究，甚至使许多人陷进茶的迷障，“到处找渣”，甚至非好茶不喝。但我时常想到，在三十几年前的乡下，我们用大壶煮的酽茶，价格低廉，其味苦涩；在炎热的夏日午后，从田间操持辛苦的农作返家，灌一大碗茶，那种幸福甘美的滋味。

现在，禅风兴盛了，许多人到处访求名师，急切于即刻开悟，仿佛真有一颗明珠叫作“禅”一样。但是，“禅”何尝是什么特别的东西呢？只是生活的焦渴止息了，生命的骚乱不安被埋平了呀！

止息的那一刻便是即刻，平安的没有欲望的心就是开悟。

茶禅一味，茶禅都不是特别的东西。因此，茶的真滋味，禅的真境界，唯有平常心乃能知之。

所谓乌龙，即非乌龙

日本茶道里有一个很有趣的观点，就是喝茶到了最高的境界“不是茶”。

“不是茶！”

这一句话是宜于深思的，也可以说茶道里最重要的不是茶的本身，那又是什么呢？可能喝茶的心、喝茶的气氛比茶更重要吧！

“不是茶”令我想到“佛”这个字，是一个人加上一个“弗”，“弗”是“不”的意思，“佛”若从字面上译，可以说“不是人”。

为什么说佛不是人呢？因为佛是觉者，是革除了一切人的贪心、嗔恨、愚痴、傲慢、怀疑，心里一片光明无碍，因此佛是“弗人”。

四祖道信曾说：“但任心自在，莫作观行，亦莫澄心，莫起贪念，莫怀愁虑，荡荡无碍，任意纵横，不作诸善，不作诸恶。行住坐卧，触目遇缘，总是佛之妙用，快乐无忧，是名为佛。”佛所以不是人，是人总有忧虑，而佛快乐无忧。

提倡“不是茶”的日本茶道大师千利休，曾有人问他茶道是不是有神秘之处。他说：“先把水烧开，再加进茶叶，然后用适当的方式喝茶，这就是你需要知道的一切。除此之外，茶一无所有。”

这段话，使想在喝茶里寻找玄秘境界的人截断了思虑。

回到茶的本质，回到生活的本味，在中国禅宗里也有类似的故事：

龙潭崇信禅师去天皇道悟座下求禅法，服侍师父很多年了，都没有得到师父的教示。

有一天，他忍不住了，问师父说："我到师父身边好几年了，师父从来没有为我指示心要。"

天皇道悟说："你端茶来的时候，我就喝；你拿饭来的时候，我就吃；你礼拜的时候，我就低头回礼，哪一个地方不是在指示心要呢？"

崇信低头想了半天，道悟说："你若有体会当下便知，一有思虑便错了。"

崇信即刻开悟了，问师父说："我要如何来保任[①]呢？"

道悟说："任性逍遥，随缘放旷，但尽凡心，别无胜解。"

好一个"但尽凡心"！凡心里就有无尽藏了。对能直下承担的人，凡心，即是道心，也是禅心、佛心。

吃饭、喝茶、礼拜都是在指示心要，也可以说无不是心要，但要有悟，也要在寻常间用心。

有一次，玄沙师备禅师和一位弟子韦监军一起吃果子。韦监军问道："师父，如何是日用而不知？"

禅师拿一颗果子，说："吃！"

---

① 保任：佛教用语。即在禅悟之后，加以保持、维护，也就是巩固觉悟成果。

韦监军吃了，又问："如何是日用而不知？"

禅师说："这就是日用而不知呀！"

我们在喝茶、吃饭、礼拜时，不也常常日用而不知、生活而无觉吗？

沩山灵祐禅师和弟子仰山祖钦春天时一起摘茶。

沩山一边摘茶，一边对仰山说："这几天终日摘茶，只听见你的声音，没看见你的样子。"

可见，当时禅师采茶的茶树比人还高，仰山为了让师父看见，就用力摇动茶树。

沩山说："你只得其用，不得其体。"

仰山说："那么要怎样做，才可以让你知道我的位置呢？"

沩山一时答不出来。

仰山说："师父呀！你只得其体，不得其用。"

沩山："你再胡说，我打你三十棒！"

仰山："师父的棒子，我只好吃了，可是我的棒子给谁吃呢？"

沩山："我再打你三十棒！"

体是本质、本体，用是形式、方法，参禅僧与吃饭僧外表看来都是一样的，但本质却不同：吃饭僧不一定要参禅，参禅僧却非吃饭不可。

"不是茶"的境界非站在茶的基础上不可。

"不是人"的佛也非由人来出发不可。

佛是体人是用，还是人是体佛是用呢？有时分不清。

我们喝茶的人，能“是茶”，那很好，把一切烦忧苦痛都留在茶堂外；我们能“不是茶”也很好，让茶成为生命的灵鸟，飞出窗口，到天青海蓝之地。

体用原是一如的。

就以我们最常喝的乌龙茶来说吧！传说乌龙茶的起源有几种，一说是因一株吐露芬芳的茶树，树根处常盘踞一条黑蛇，福建人遂将其称为“乌龙茶”。

还有一说是，明末清初尧阳南岩住了一位退役军人，名叫“龙”，他的皮肤很黑，人们称他为“乌龙”。乌龙经常上山打猎，每次都会采些茶叶带回来，由于这茶太好喝了，人们去找他采茶的茶树，这种茶就叫“乌龙茶”。

还有一说是，乌龙是地名，江西庐山有乌龙潭，浙江建德有乌龙山，这两地都产茶，其茶就称为“乌龙茶”。

我们如果知道乌龙茶的一些传说，乌龙茶还是一样好喝；如果不知道，它也一样好喝。乌龙茶不管叫什么名字，它的体都不会改变，都是那么香醇。

这使我想起破执着相的《金刚经》，我们可以这样说：“所谓乌龙，即非乌龙，是名乌龙，若菩萨通达无我法者，如来说名真是菩萨。”

黄叶中的风骨

有一个新来参访赵州禅师的弟子，初见赵州，赵州就说：“你来过这里吗？”

弟子说：“未曾来过。”

赵州慈爱地说：“吃茶去吧！”

不久，又有一个弟子来参拜，赵州问：“你来过这里吗？”

弟子说：“以前来过。”

赵州依然慈爱地说：“那么，吃茶去吧！”

站在一旁的弟子感到十分疑惑，问赵州说：“为什么新来的和来过的，你都叫他们吃茶去呢？”

赵州叫那位弟子的名字，弟子应诺。

赵州说：“你也吃茶去吧！”

我每次想到赵州从谂禅师的这则公案，心里就充满了感动与感恩，我感动的是赵州的平等和慈爱，所有的弟子在他眼中都是平等的，他的慈爱则表现在体贴到风尘仆仆赶来的徒弟一定是口渴了。

我感恩的是，赵州告诉我们禅心不离生活，即使吃茶这样的小事也是至关重要的。赵州也可以说：“拜佛去！”“念经去！”“打坐去！”但是他没有这样，因为一个人如果不能解决生活中的焦渴，也不可能在蒲团上解决烦恼的束缚呀！

赵州不只教人吃茶。

有一次，一位弟子严肃地来请教他："我感到非常迷昧，请师父给我一点儿指示吧！"

赵州问他："你吃过粥了吗？"

"吃过了。"

"那么去洗钵吧！"

那个弟子听了就开悟了。

吃茶的重要、吃粥的重要、洗钵的重要，往往被许多修行的人忘记了。

反过来说，一个人如果不能品味一杯茶的滋味，不能体会生活的情味，又怎能品味和体会那更深奥的禅的滋味呢？赵州就是在听到他的老师南泉普愿说的一句话"平常心是道"，而开悟的。

"平常心是道"，这句话多么平淡，又是多么非凡；是多么美丽，又是多么真实；是多么细致，又是多么广大！

如果一个人不能打破生活与道的界限，道就会成为佛堂和寺院中的事；在一天中，"有道"的时间就很短促了。

当一个人从道走向生活，或由生活迈入道，使生活与道相融而不相违，就能日日是好日，步步生莲花了。

赵州每看到弟子前来，就叫他们去喝茶，可见当时茶饮已经是禅门中非常普遍的事。一个禅僧不懂饮茶的三昧，是不可思议的。我们或者可以说：一个人如果在生活中没有三昧之味，在禅修中也就难以契入三昧了。

一片茶叶虽然如微末般无足轻重，但对赵州来说，是把茶作为生活即是最深之意来象征的。在黄叶一样的茶中，我们似乎看见了一位宗师的婆心，看见了生活，也看见了生命的滋味；看见了禅者的心，也看见了禅者的风骨。

虚堂愚禅师有一首诗说：

> 轻如毫末重如山，地角天涯去复还。
> 黄叶陨时风骨露，水边依旧石斓斑。

这虽然不是一首写茶的诗，但用来形容茶、生活、智慧的关系却很贴切。一片茶叶轻如毫末，如果能在其中体知禅心，就重如泰山了。

一个有智慧的人，不管在天涯海角，都不会散失的；泡了茶的茶叶虽然陨落了，却因消融于水，而显现了无我的本质。这就是大地的美呀！树叶落尽了，枝干越显风骨卓然，在水边的石头，越能看见其斑斓与繁华呀！

"你今天喝过茶了吗？"

"还没有。"

"去喝茶吧！"

"你今天喝过茶了吗？"

"喝过了。"

"再去品味一些吧！"

喝茶水的茶可能有尽，喝生命的茶、智慧的茶、禅定的茶，却可以无穷。

作为茶，绝不只是解渴，一定有甚深之意，要解渴，喝水不就好了吗？在嘴湿的时候，红尘飞于大海之中，波涛在平地汹涌，是否有知味的人？

不可小看老婆子

在禅宗语录里，出现过几个“婆子”，都是很厉害的。

德山宣鉴禅师年轻的时候，就自然为贯通经典，时常上台讲《金刚经》。由于讲得精彩，大家都称他“周金刚”，因为他俗家姓周。

后来，他听说龙潭有个崇信禅师，是个得道的人，就把自己历年来对《金刚经》的著作放在篮子里，要到龙潭找崇信禅师印证印证。

结果，他走到龙潭山下，在茶棚里歇脚，叫一壶茶，想点一些点心来吃吃。

“老太婆，来一些点心。”德山说。

老太婆说：“《金刚经》里说‘现在心不可得，过去心不可得，未来心不可得’，不知道您要点哪一个心？”

这一问，使德山羞红了脸，心想龙潭山下的老太婆都这么厉害，山上的禅师还用说吗？

果然，他后来在龙潭崇信禅师的指导下开悟，放一把火，将自己所写的《金刚经注释》烧个精光。

这个老太婆厉害！另外有一个老太婆也不简单，就是著名的“婆子烧庵”公案里的那个婆子。

话说有个老太婆供养一个和尚二十年之久，她建造了一间庵堂给和尚修行，并每天派人给和尚送饭。

二十年过去了，她很想知道那和尚修行的境界。于是，找一位年轻美丽的少女去送饭，趁送饭时坐在和尚的腿上，并热诚地拥抱和尚。

少女依计而行，但和尚毫不为所动，只说一句："枯木依寒岩，三冬无暖气。"

少女回来把和尚的话转达给老婆子，老婆子大为光火，说："二十年，只养了一个俗汉！"

立即跑上山去，把和尚赶走，并放火把庵堂烧了。

这是则寓言式的公案，是在告诉后来的人：禅是热腾腾的，不是冷冰冰的；禅是活泼泼的，不是死沉沉的。

在公案里，老太婆的功夫似乎比禅师高。

日本禅宗里也有一位厉害的老太婆，白隐禅师时常对弟子们说起一位经营茶店的老太婆，白隐认为那在寺院不远的老太婆对禅学有独到的了悟，是个开悟的人。

弟子们无法相信卖茶的老妇是悟道者，便亲自去茶店探个究竟。

非常有趣的是，每当老太婆看见走进茶店的人，可以立刻看出他们来的目的，是真的来喝茶呢，还是看看她是否悟道！

如果是真的来喝茶的人，她会殷勤地接待他们；如果是来看她有没有悟道的，她会招呼他们去屏风后面，总会在屏风后面来和他们谈禅论道。

当客人走向屏风的时候，她就用火叉击打他们，十分之九的人都逃不过她的击打。

这也是一则有趣的公案，学禅的人常常想勘验别人悟道的状况，但如果自己尚未悟道，如何去勘验别人呢？

是老太婆真的开悟呢？或者是习禅的人因语默动静皆以禅观之，而看成是开悟的样子呢？这一点后人就难以分析了。

在赵州禅师的语录里，也录过三则老太婆的公案。

第一则公案是，一位老太婆请人送钱给赵州，请赵州转藏经，赵州收了钱，下禅床转一圈，说："你回去转告老太婆，藏经已经转好了。"

那人把赵州的话传给老太婆，老太婆说："这赵州，我请他转全藏，他怎么只转了半藏呢？"

第二则公案是，赵州在路上遇到一位老太婆，赵州问道："老婆婆，去什么地方？"

"我去偷赵州的笋去。"老太婆说。

赵州问："万一遇到赵州怎么办？"

老太婆当即给赵州一巴掌，赵州就走了。

第三则公案是，有一位僧人去游五台山，问一位老太婆："往五台山的路怎么走？"

老太婆说："直直这么去！"僧便去。

老太婆说："又恁么去也。"

出家人听了很吃惊，认为老太婆是开悟的人，便来问赵州，赵州说："我去帮你勘破这个老太婆。"

第二天，赵州去问老太婆："往五台山的路怎么走？"

老太婆说："直直这么去！"赵州就走了。

老太婆又说："又恁么去也！"

赵州回到寺院对僧人说："我为你勘破老太婆了。"

禅宗公案里的老太婆，不管有没有开悟，她们都非常可爱、活泼，充满生命的热力，仿佛在告诉我们：修行者不要小看老太婆，不要小看这世间的每一个众生，他们只是走了不同的路，修了不同的法。这就是赵州说吃粥、洗钵、喝茶都有法的缘故了。

百鸟不衔花

在日本的茶堂喝茶，我们就会发现喝茶是一件多么严肃的事，任何事都有仪式的规范，茶室的大小、画轴的位置、花器与季节，甚至有许许多多的花是不准被插在茶室的。日本茶道鼻祖千利休在《南方录》中说："不可插入花器的花是沉丁花、深山樒呀！鸡冠花、女郎花、石榴、河骨、金盏花，鲜丽的花也讨人嫌哦！"

大凡在茶道中被禁止的花有几种：一是香味太强，会干扰心境；二是热闹华丽的团状或复瓣花，会影响茶堂空寂；三是花期太长，不能令茶人欣赏瞬息无常的美学；四是粗枝大叶，花形不雅；五是名称不好听，像鸡冠、金盏，不合茶道精神的名称；六是颜色太鲜艳，不合茶室的风情。

七折八扣，可以插在茶室的花就很少了。

这一点曾使我感到迷惑，因为我们如果看日本人穿的和服，会看见很多花的颜色。彩虹和五色鸟，这两者都是象征日本的文化，那么从前的日本人不是穿和服去饮茶吗？究竟什么才是调和？是人的心先做了雅俗的判定，或真有一种花是俗气的呢？

我一直觉得喝茶的人最好能到日本茶堂去喝一次茶，才能知道有一个严格的形式，对于斩断人的攀缘心是多么有用，这就是修行人需要闭关的原因。也唯有在日本的茶堂喝过茶，才能体会我们的茶馆是多么可爱，能自由无拘地喝茶是多么充满人味呀！

日本和服的花与鸟、彩虹与明媚，或者是严格形式的一种反动；也或者，茶堂里的枯寂，正是喧闹和服的反动。不论怎样，严格的形式与自由的心灵一定要和谐，如果形式与内容都倾向严酷，是不可能体会禅心的。

传说，牛头法融禅师在牛头山幽栖寺的岩洞修行时每天都有林中的百鸟衔花来供养他。有时候来供养的鸟太多，甚至把整个天空都遮蔽了，好像天上开满了花。

有一天，法融禅师开悟了，从此再没有鸟来为他献花。

这是一则有名的公案，后人都盛赞没有鸟来献花是比较高的境界。但是，每次我一想到，百鸟衔花那壮阔辉煌的场面，也不禁神往动容。

公案的神奇也就在此，为什么百鸟衔花境界低，空无一鸟境界高呢？

原因可能、或许、好像是，由于内在不够丰沛，才需要外在的繁华来彰显。如果内心里圆满俱足，海阔天空，有鸟无鸟又有何差别？一般的鸟也不能知禅师的心了。

如果一个人喝茶，要讲究名家的茶壶，一定要喝价钱昂贵的茶，甚至一幅画、一枝花都要严格的话，我们可以说他是个会喝茶的人，但还没有达到“百鸟不衔花”的境界。

喝茶本来是人生的余事，不是生活的主调。参禅本来是生命的发展，不是身心的囿限。

要能心境和谐、恰恰用心、住定不转，在每一次喝茶的时候，都能身心泰然欢喜，放下了形式的执着，那才是好。

通向茶味禅味的，并没有什么秘密可言，足庵智鉴禅师有一首诗说：

> 世尊有密语，迦叶不覆藏。
> 一夜落花雨，满城流水香。

在台北的春夜，夜夜都有梅雨，满城流水的香，我们闻到了吗？

我们喝一杯茶，思及在云雾的冻顶，有一株茶树在那里看云观霞，在风雨中不失去自己的香；我们饮一片茶，便是饮一株茶树，饮一座山，饮山上清冷的云雾。

百鸟，也曾衔花飞过这些茶园吧！

在鸟不衔花了以后，牛头法融写下这样的诗句：

> 知色不关心，心亦不关人。
> 随行有相转，鸟去空中真。

鸟飞去了，空中才真；鸟飞来了，何尝不真？万花落尽春不尽，百鸟飞远天不远，每一片茶叶的伸展，鞠躬尽瘁死而后已，不都是为明年春天更嫩的叶子做引言吗？如果不把最嫩的茶叶不断地摘下来，也不会每一季都有新茶了；如果不日日摘取生活甜美的果实，明天也不会有新的果实了。

鸟飞来飞去，关我们什么事？

有鸟时，看空中的繁华；无鸟时，看远天的清明。日本茶道的茶室与和服之间的关系，或者也是这样的吧！

茶匠的心

17 世纪时，日本北方的土佐国，有一位贵族叫山内侯，当他要到江户参拜的时候，随身带着一位茶匠前往。因为这位茶匠在茶道上的造诣极深，山内侯一方面只爱喝他泡的茶，另一方面也有带他到江户夸耀的意思。

茶匠虽然内心不愿意，但还是勉强奉命前往。当时治安不靖，茶匠只好脱去茶匠的衣裳，带着长短刀剑，扮成武士的模样。

到了江户，茶匠大部分时间都留在主君的邸内泡茶。有一天，主君允许他到户外走走。他才出门不久，就在池塘边，看到一位容貌猥琐的武士，看来品性不佳的样子。茶匠内心有些畏惧，因为一路上担心遇到恶棍的事终要发生了，这使他踯躅不敢走到池塘边。

果然，那位状似浪人的武士迎上前来，对茶匠说："你看起来是来自土佐的武士，如果能让我领教一下你的本领，将是我的荣幸。"那武士手按剑柄。

茶匠一阵心虚，说："我虽然穿着武士的衣服，但我并非武士。我只是一个茶匠，比剑一定不是你的对手，你放过我吧！"

浪人听了，知道茶匠的软弱，更欺身逼迫他，要他比剑，或交出身上所有的财物。

茶匠本想交出财物，一走了之，但他立刻想到这样会破坏主君的名誉和自己的名声，便迎头准备一死。他又觉得这样死了很不值，突然想到刚出门时曾路过一个教习剑道的道场，说不定可以去向剑匠学几招用剑的方法，以便能在比剑时有一个体面庄严的死法，像是第一流茶师赴死的姿势。

于是，他向浪人托称："既然你非和我比剑不可，我也乐于试试你的本事。不过，我随身带着主君的重要信件，必须先去复命，等回来时再和你比剑。"

浪人答应了。

茶匠急忙跑到剑道馆的门口，求见剑匠。剑匠听了他的事，当他知道茶匠是来学一个体面庄严的死法时，就说："来我这里的徒弟都是来学求胜的剑法，你是第一个来学求死的剑法，我必须破例教你。既然你是茶匠，我教你求死之法的条件就是，请你为我表演一次茶道吧！"

茶匠心想这可能是一生里最后一次泡茶，便一口答应，瞬时忘记即将赴死的事，全神贯注地泡起茶来，就好像泡茶是全世界唯一重要的事。他泡茶时那清朗、无念、庄严、绝俗的表情令剑匠深受感动，并喝下他深信是这辈子喝过最好的一杯茶，他感叹地说：

"你已经不必学习什么死的方法了，你刚才泡茶的心境，不论与任何武士决战都能取胜呀！当你去赴浪人之约时，首先就像茶道的准备工作，先郑重地向他问候，并道歉自己来晚了。告诉他你已做好决胜负的准备，然后脱下外褂，小心折叠好，再将扇子放在上面。系上缠头，围上腰带，把裤裙的口子打开。

最后抽出长剑高举过头，摆好将对手砍倒的姿势，闭上眼睛，一听到喝声，就举剑向他劈去。这整个过程，一一专注，就像你方才泡茶的样子。”

茶匠道谢之后，向浪人约定的地方奔去，好像去为朋友泡茶，一点儿也没有恐惧。他按剑匠的忠告一一做了。当他最后举刀而立，那浪人仿佛看到一个完全不同的人格，无畏、无我、无念，浪人连喝声都叫不出来，对立了一分钟，浪人扔下武士的长刀，趴在地上求饶。茶匠原谅他，浪人连滚带爬地逃走了。

这是日本茶道流传的故事，铃木大拙曾在《禅与茶道》中引述。我非常喜欢这个故事，它告诉我们一些重要的启示：

一是事物的最高境界都是相通的，茶道、剑道、禅道对于内在心灵的提升与洗练并无分别。

二是要克服心里的畏惧、烦恼，最好的方法是专注地活在眼前，使眼前的这一刻充实。

三是生活的小体验与生死的大体验，唯有深刻的直觉才能洞彻。当一个人进入无我空明的境界时，不仅能无忧恼地生活，也能越过生死之海。

我喝茶时，常会想到这则故事，想到我们的生命历程也会不时遇到猥琐的浪人，纠缠不清。我们是不是都能庄严、无畏、优美地举刀而立呢？我们是不是都愿意像茶匠的心，从眼前这一刻，展现一个完全不同的人格呢？

落叶永远扫不干净

日本茶道的祖师千利休教导儿子茶道，茶道当然不是从泡茶学起的，千利休先教导儿子去洒扫庭院，因为如何打扫庭院和茶堂，是茶道里非常重要的开始。

当千利休的儿子正在打扫庭院小径时，千利休坐在一旁看着。

儿子觉得工作已经做完的时候，千利休说："还不够清洁。"

儿子便出去再做一次，把刚刚可能被忽略的部分，用心打扫。做完的时候，千利休又说："还是不够清洁。"

这样一而再、再而三地做了许多次，千利休总是不能满意。

儿子也铁了心，从头到尾，甚至把庭院的每一寸土地都扫得干干净净，然后回来报告父亲："爸爸，现在已经没有什么事可以做了。石阶我已经洗过三次，石灯笼和树上也洒过水了，苔藓和地衣都披上了一层新的青绿，甚至，地上也没有留下任何一根树枝和一片叶子了。"

千利休听了儿子的报告，对儿子说："傻瓜，这不是清扫庭院应该用的方法。"

于是，他站起来，走入院子里，用手去摇动一株树，院里霎时间落下许多金黄色和深红色的树叶，这些秋锦的断片，使打扫过的院子显得更清净宁谧，充满了自然与美，有生命的力量。

站在院子里的儿子，当场得到非常大的启示。千利休教导的茶道并不是一尘不染的，而是在清净中充满了趣味，能与自然和谐而产生的美的视觉，那并不是刻意的追求，而是美慧的心自然流露的泰然自若的境界。

庭院里的落叶是永远扫不干净的，但初落的树叶却是秋天的锦绣，反而增添了庭院之美。

千利休以这种“自然流露”来教导儿子，一代传过一代，他的家族传了十七代，代代都有茶道名师。

庭院里扫树叶与茶道有关，中国也有一位饮茶名家倪云林有相似的故事。倪云林是元朝著名的画家，他曾经把茶叶塞入莲花中，制成莲花茶，也曾以惠山的泉水煮白石，制成清泉白石茶。白石，就是核桃、松子去壳去皮，取其肉捣烂和上面粉，做成一块一块，来与泉水煮饮。倪云林常在喝茶时看庭中的落叶，有一次看仆人扫庭院落叶，留下许多帚痕，非常不美观。

于是，他发明了以竹竿或树枝上面绑一支长针刺起落叶，把那些枯干难看的落叶刺起，只留下鲜红嫩黄刚掉下来的叶子。因此，他的院子里时常零落各种颜色，有非常之美。

看着满院美丽的叶子，没有一丝扫帚的痕迹。这样，像莲花茶、清泉白石茶也就增加了清冽的滋味。

落叶是永远扫不干净的，这是人生里无可奈何的事。但院子的落叶也增添了庭院的美，生命的落叶又何尝不是这样呢？我们不必试图想要过没有烦恼的、一尘不染的人生，而是要使一切生命中的飘零，成为苦难历程中风情的点缀。

静坐着看秋天落叶的飘零，虽然清冷，却是美的。

静观着人生历程的起伏变动，虽然凄凉，却也有美的一面。

因此，不要只顾清扫落叶，落叶是永远扫不干净的。让我们抬起眼睛，欣赏那些飘零，体会那种变动吧！让我们有美好的心，与大化一起进入泰然自若的境界吧！

那里面不只有茶道的境界，也有灵性的消息。

净土也有好茶

有时候，喝到一壶上好的茶，心中的欢快愉悦难以用笔墨形容，这时就会想起禅宗中“醍醐灌顶”或“石蜜在心”的语言。

好茶给我们的感受确实是接近醍醐或石蜜的，使我们的身心为之柔软、通彻，有一种清凉、甜美之感。因此，如果在法味上不能尝到醍醐或石蜜的味道，能品茶，也差可近矣！因为陆羽说茶可以“与醍醐甘露抗衡也”！

在经典里，时常把法味、禅味譬喻为醍醐与石蜜，一般人把它想得非常神秘。其实，用现代话来说，醍醐就是奶酥，石蜜就是冰糖，都是很平常的东西。为什么要用很平常的东西来形容高深的法味呢？原因非常简单，最高深境界的法味也不是留给特殊的人品尝，而是平常人在平常生活中得到的。

醍醐取其香，石蜜取其甜，意思是说在痛苦不安的人生中，法味是极香甜的。一个人唯有尝到了香甜的法味，才能在行道的路上不退转。

奶酥和冰糖虽然平常，却是好东西。

在《本草纲目》里说到，“石蜜”可以治愈心腹热胀，滋润肺气，助益五脏。佛法以石蜜作比喻，是说良法不仅滋味甜蜜，也可以调益身心。

“醍醐”则是梵语，指由牛奶精制而成的最精纯的奶酥。若以奶制品的不同层次分为“五味”，即乳、酪、生酥、熟酥、醍醐，以醍醐为最上乘之味。因此，上乘的心法给人的感受又称为醍醐味。

在《大乘理趣六波罗蜜多经》中，曾经以牛奶的五味来形容佛陀所说教法的深浅：

> 契经如乳，调伏如酪。对法教者，如彼生酥。大乘般若，犹如熟酥。总持门者，譬如醍醐。

翻译过来，就是：

> 能够了解经义的人，就好像喝了牛奶。
> 可以调伏身心的人，就好像吃了乳酪。
> 与法教能相应的人，就好像品味生酥。
> 有了大乘智慧的人，就好像尝到熟酥。
> 总持一切法门的人，就仿佛品到醍醐之味。

> 醍醐之味，乳酪酥中，微妙第一。能除诸病，令诸有情，身心安乐。总持门者，契经等中，最为第一。能除重罪，令诸众生，解脱生死，速证涅槃，安乐法身。

我们也可以说“醍醐灌顶”的人，是那些豁然心开的人。

可以知道醍醐与石蜜用来象征的，都是极珍贵的东西。寒山子有一首诗：

> 俊杰马上郎，挥鞭指绿杨。
> 谓言无死日，终不作梯航。
> 四运花自好，一朝成萎黄。
> 醍醐与石蜜，至死不能尝。

这首诗是感叹许多人到死都不曾尝过法味的甜美与香醇。意思是说，那些年轻的俊杰之士就好像骑着马奔驰的人，他们一方面用马鞭指着绿色的杨柳，一方面认为自己没有死亡的一天。因此，他们既不做梯子爬向涅槃山，也不造船航向彼岸。没有想到那四季看起来都非常美好的花，一夕之间就萎黄凋落了！可惜像醍醐那样香醇，像石蜜那样甜美的法味，他们到死都未能品尝到呀！

是呀，这世间放眼望去，汲汲营营于权势富贵，至死不悟的人很多，一朝便成萎黄，与草木同朽。

要在生活里吃到醍醐与石蜜很简单，花几块钱就有了。但是要品尝心灵的醍醐与石蜜也不难，只要肯花心思观照、思维与体验，使人格芳香、生命欢喜，也可以逐渐深入法味了。

因此，佛法以“醍醐”和“石蜜”来象征法味，有甚深之义。醍醐至香，一个人如果不能在生活中有欢欣之念，心胸不能开展，提升性灵的芬芳，那就不可能真知法的滋味。石蜜最甜，则象征着一个人品尝香甜的法味之后，应该身心甜美，成为欢喜自在的人。

一个人品尝了香甜的法味，就不可能再愁眉苦脸、身心委顿地生活了。反之，一个人习法修禅，如果依然生命庸俗、生活郁闷、心灵痛苦，就表示他尚未契入法味的秘密。

佛法禅意既是为痛苦无常的人生而设教立宗，进入佛心禅心的人，必然更善于面对痛苦无常；在短暂波动的生命中，也不失去甜美的心灵和芳香的自性。

此所以，垂头丧气、愁眉苦脸地学佛，还不如抬头挺胸、心境明朗地做人。

此所以，唯有人间至香至甜的心灵，才能大步走向至香至甜的净土。

此所以，能深知世俗谛中五味杂陈滋味的人，才会真知第一义谛的淳珍之味。

由于对醍醐与石蜜的象征之尊崇，在中国西藏、尼泊尔等地的佛教徒，他们以面粉、奶酥、冰糖做成的檀城来供佛，他们也以奶酥和冰糖来调和茶水，日日饮之以调御身心。

对呀！如果眼前的奶酥、冰糖之味都不能深深品味、深深欣赏，如何能品知深奥佛法中的醍醐与石蜜之味呢?

如果对眼前这杯茶都不能感恩地品饮，向天下种茶的人顶礼致谢，又如何能进入心自如大地的菩萨心肠呢?

一念觉，即是佛；一念迷，即是众生。

会心不远，欢喜踊跃的心中就会涌出醍醐之味。

蜜在汝边，甜美细腻的生活里就会酿出石蜜之味。

对“真俗不二”的信心，使我深信，极乐世界也有好茶、好风、好水、好天地！

入清凉地

每次在天气很热的时候，我就会想起赵州和弟子文远的一则公案。

有一次赵州和弟子文远坐着聊天，桌上只有一块饼，赵州看着饼就对文远说："我们来比赛，看看谁能把自己譬喻得最卑下，谁输了，就吃桌上这一块饼。"

"好呀！好呀！"文远开心地说。

赵州就先开口说了："我是一头驴。"

文远："我是驴子的屁股。"

赵州："我是驴子的粪便。"

文远："我是粪便里的虫。"

赵州问道："你在驴子的粪便中做什么？"

文远："我在里面度暑假。"

赵州说："好厉害，算你赢了。"

然后，赵州拿起那仅有的一块饼大口地吃了起来。

我一想这公案，眼前就会浮现一脸愕然的文远，以及津津有味吃着饼的赵州，想到继续在粪便中度暑假的文远，真的令人想笑。

在燠热的暑假中，禅师怎样才能得到清凉呢？是不是有什么秘方？

禅宗里有一位名字最清凉的禅师清凉文益，他的消暑秘方是“但随时节因缘，便得寒即寒、热即热，欲知佛性义，当观时节因缘”。意思是对寒热取不迎不避的态度，一个人不怕寒冷，就不冷；不畏热，也就不热了。

在佛教里，另外以“清凉”为名的是清凉澄观禅师，他也是华严宗的第四祖，因为住持在五台山的清凉寺而得名，他的消暑秘方是心静。他说：“无昭穆动静，无纶绪往复。勿穿凿异端，勿顺非辨伪，勿迷陷邪心，勿固牢斗诤。……真界玄微，非言说所显，要以深心体解。朗然现前，对境无心，逢缘不动。”

意思是要守住本心，不要起起伏伏的，只要一个人对境无心，逢缘不动，那么，寒热还有什么作用呢？

宋朝还有一位清居禅师，他写了《十牛图》（一说是梁山廓庵和尚所著），把心比作牛，若能“忘牛存人”就能够“无事安闲”；如果到了“返本还源”之境，则“水绿山青，不留一尘一埃”，失去了烦恼和妄念，则无处不是清凉之地。

所以，在驴粪中度暑假，也可能是十分清凉的。

佛教可以说是清凉的宗教，不独指禅宗。

佛法中指的清凉，是一个人受到身、口、意三业的习染则会焚烧热恼。如果能守戒清净，就会止息热恼，会得安适，故称“清凉”。

因此，禅诗中说：“参禅何须山水地，灭却心头火自凉。”

《华严经》里说到菩萨的悲德如月亮一样光明清凉：“菩萨清凉月，常游毕竟空。”在空性中自由无住，没有执着的菩萨，像月亮的清凉一般。

身心清凉的泉源则是来自清净的生活，清净的极致叫作“涅槃”；一个人如果有涅槃的心，就没有热恼了。所以，《大智度论》里龙树菩萨才说：“人大热闷，得入清凉池中，冷然清了，无复热恼。”

在《大佛顶首楞严经》里，富楼那尊者问佛说：“世尊！若复世间一切根、尘、阴、处、界等，皆如来藏，清净本然，云何忽生山河大地，诸有为相，次第迁流，终而复始？”

说的也是时节因缘与清净本然的关系，时节虽有热恼的因缘，在清净心、清凉池里，是永远不失去凉爽的本来面目。

大珠慧海禅师常讲：“本自无缚，不用求解，直用直行，是无等等。”

有一天，有源律师来问：“和尚修道，还用功否？”

师曰：“用功。”

曰：“如何用功？”

师曰：“饥来吃饭，困来眠。”

曰：“一切人皆如同师用功否？”

师曰：“不同。”

曰：“何故不同？”

师曰：“人吃饭时不肯吃饭，百种需索；睡时不肯睡，千般计较，所以不同也。”

一个人如果能真正落入眼前的一刻，该吃饭时用心吃饭，该睡觉时全心地睡觉，那么不管是暑是寒是风是雨，也都可以入清凉地了。

大珠慧海禅师认为修行就要回到生活，所以他不收徒弟。有一次，一位居士千里迢迢而来，求他收为弟子，跪地不起。

大珠说：“禅客，我不会禅，并无一法可示于人，故不劳汝久立，且自歇去！”

你自己去歇息你的身体，自己去歇息你的心吧！心念止息的地方就有清凉，山歇于青翠，水歇于流动，云歇于天空。我们也不必歇息在太远的地方，就从生活的这一刻、这一个地方开始，来放松、来安住我们的心。

如果你很热恼，让我们就泡一壶茶来对饮吧！且乐身前一杯茶，何须身后千载名。让我们沉默、轻松地饮下这杯云雾的冻顶，让我们入清凉地。

从念佛、从止观、从禅定入清凉地是很好的，从吃饭、从睡觉、从开怀大笑、从眼前这杯茶入清凉地也是好的。

从任何法门入清凉地，其本质都是一样的清凉呀！

一片茶叶

抓一把茶叶丢进壶里，从壶口流出了金黄色的液体，喝茶的时候我突然想到：这杯茶的每一滴水，是刚刚那一把茶叶中的每一片所释放出来的。我们喝茶的人，从来不会去分辨每一片茶叶，因此常常忘记一壶茶是由一片一片的茶叶所组成的。

在一壶茶里，每一片茶叶都不重要，因为少了一片，仍然是一壶茶。但是，每一片茶叶也都非常重要，因为每一滴水的芬芳，都有一片茶叶的生命本质。

布施不是如此吗?

布施，犹如加一片茶味到一大壶茶里，少了我的这一片，看似不影响茶的味道。其实不然，丢进我的这一片，一壶茶都有了我的芳香。虽然我能施的很小，也会充满每一滴水。

布施，我们应以茶叶为师，最上好的茶叶，五六斤茶菁才能制成一斤茶，而每一片茶都是泡在壶里才能还原、能温润，才有作为茶叶的生命意义。我们也是一样，要经过许多岁月的洗礼才锻炼出我们的芬芳，而且只有在奉献时，我们才有了人的温润，有生命的意义。

一片茶叶丢到壶里就被遗忘了，喝的人在欢喜一壶茶时并不会赞叹单独的一片茶叶。一片茶叶是不求世间名誉的，这就是以清净的心布施，不求功德，不求福报，只是尽心尽意贡献自己的芳香。

一壶好茶，是每一片茶叶共同创造的净土。

正如《维摩诘所说经》说：“布施，是菩萨净土。”

欲行布施，先学习心在社会这壶茶里，做一片茶叶！说珍惜世界，先珍惜每一片茶叶吧！

这样想时，喝茶的时候就特别能品味其中的清香。

片叶不沾身

朋友带我去看一位古董收藏家的收藏，据说他收藏的都是国宝级的东西，随便拿一件来都是价逾千万。

我们穿过一条条的弄巷，来到一家不起眼的公寓前面，我心中正自纳闷：国宝级的古董怎么会收藏在这种地方呢？

收藏家来开门了，连续打开三道不锈钢门，才走进了屋内。室内的灯光非常幽暗，等了几秒钟我才适应，这时才赫然看到整个房子堆满古董，多到连走路都要小心，错身才能前进。

到处都是陶瓷器、铜锡器，还有许多书画卷轴像是满天星一样拥挤地插在水缸里。主人好不容易带我们找到沙发（沙发也是埋在古物堆中），经过一番清理，才得以落座。

我不知道要怎样才能形容那种感觉，古董过度拥塞，使人仿佛置身在垃圾堆中。我想到，任何事物都不能太多，一到“太”的程度，就可怕了。

我们都喜欢蝴蝶，可是如果屋子里堆满蝴蝶，就不美了。再想到蝴蝶会生满屋的毛虫，那多可怕！

我们都喜欢鸟，但鸟如果太多，也是会伤人的。希区柯克的名作《鸟》，那恐怖的情景想起来汗毛就要竖立了。

正在出神的时候，主人端出来一个盘子，但盘子里装的不是茶水或咖啡，而是一盘玉。因为我的朋友向主人吹嘘我是个行家，虽然我据实地极力否认，主人只当我是谦虚，迫不及待拿他的收藏要让我“鉴赏”了。

既是如此，我也只好一件一件给予鉴赏，并极力地称赞。在说着一块茶色的玉时，我心里还想：为什么端出来的不是茶水呢？

看完玉石，我们转到主人的卧房看陶瓷和铜器，我才发现主人的卧室中只有一张床可以容身，其余的从地板到屋顶，都堆得密不透风。

虽然说这些古董都是价逾千万，但是堆在一起却感觉不出它的价值。后来又看了几个房间，依然如此。最令我吃惊的是，连厨房和厕所都堆着古董，主人家已经很久没有开伙了。

古董的主人告诉我，他之所以选择居住在陋巷，是因为台北的治安太乱，恐引起歹徒的觊觎。而他设了那么多的铁门，有各种安全功能，一般人从门外窥探他的古董，连一眼也不可得。

朋友补充说：“他爱古物成痴，太太和小孩儿都不能忍受，移民到国外去了。”

古董的主人说：“女人和小孩子懂什么！”

我对他说：“你的古物这么值钱，又这么多，何不卖几件，买一个大的展示空间，让更多的人欣赏呢？这样，房子也不会塞成连坐的地方都没有呀！”

他说，好的古董一件也舍不得卖。

他说，而且那些俗人懂得什么古董！

告辞出来的时候，我感到有一些悲哀：再怎么了不起的古董，都只是“物件”，怎么比得上有情的人？再说，为了占有古董，活着的时候担惊受怕，像囚犯困居于数道铁门的囚室，像乞丐住在垃圾堆中，又何苦来哉！

何况，有一天这个人会离开世界，就像他手中的古董从前的主人一样，总有一刻，会两手一放，一件也不能带走。真正的拥有，不一定要占有；真正的古董鉴赏家，不一定要做收藏家；偶尔想要欣赏古董，到“故宫博物院”走走，花四十元门票，就有真正国宝级的古物。累了，花八十五元在“三希堂”喝“故宫”特选的乌龙茶，生活不是非常惬意吗？回到家，窗明几净，也不需要三道铁门来保卫，也不需要和无情的东西争位置，役物而不役于物，不亦快哉！

我们的生命如此短暂，有所营谋，必有所烦恼；有所执着，必有所束缚；有所得，必有所失！

我们如果把时间花在财货上，就没有时间花在心灵上。

我们如果日夜为欲望奔走，就会耗失自己的健康。

我们如果成为壶痴、石痴、玉痴、古物痴，就会忘失有情世间的珍贵。

有一位股市的大户告诉我，他只要一个早上在股市就可以赚一千万。

我说：“一个早上赚一千万看起来很多，总有一天你会发现一千万买不到一个早上。”

何况一千万的得失是很难说得清的，陪家人在河边散步值不值一千万呢？读到一本开智慧的好书值不值一千万呢？有一个早上的觉悟之心，值不值一千万呢？

好好吃一顿饭，欢喜喝一碗茶；一日喜乐无恼，一夜安眠无梦，又是价值多少？

“百花丛里过，片叶不沾身。”那样的生活才是我们向往的生活，百花丛里是“有情”，叶不沾身是“觉悟”。

我想起许多年以前，朋友送我一个名贵的古董茶壶，我欢喜地收下了。过几天，朋友说送错了，来要回去，我欢喜地还给他了。

世间的事物来来去去，我还是我。

人我是非、利害得失去去来来，我们既未增加，也不减少。

误解与赞赏、毁谤与鼓掌、批评与歌颂，都像庐山的烟雨和浙江的潮汐，原来一物也无！

去年春天最好的春茶，放到今年也要失味，所以今年最好喝今年的春茶。

年年的春茶都好，我眼前在用的这个粗陶茶杯就很好了，古董、古物、钻石、珍珠，乃至一切的背负，留给那些愿意背负的人吧！

水会永远活着

我很喜欢两则惜福与惜缘的故事，一则是有关滴水和尚的开悟：

仪山禅师有一天洗澡，水太热了，就呼唤一位年轻的弟子提一桶冷水冲凉。

奉命提水来的弟子，将洗澡水中和了，顺手把剩下的冷水倒掉。

仪山禅师很生气地骂弟子笨蛋，他说："宇宙的事物都有用处，即使小如一滴水，不仅可以止渴、洗澡、洒树浇花也很好呀！不浪费的水就会永远活着，你凭什么浪费寺里的一滴水呢？"

年轻的弟子挨骂，不仅没有懊恼，反而开悟了，改法号为"滴水"。

我喜欢仪山禅师那种"水会永远活着"的说法。想一想，一滴水进入一株树的血液，会开出花，结出果实，并且长成树荫，给苦恼的人作荫凉呢！一滴水若进入智者的血液，会成为智慧的灵光，照耀千秋万世！

反过来说，没有被珍惜的一滴水，就是死了的水。

这是惜福的晶莹剔透的观点，不能珍惜福报，福报就一点一滴地死去；能珍惜的福报，就会永远活着。

另一则“惜缘”的故事是有关日本铁眼和尚印经的故事。

铁眼禅师是第一位发愿《大藏经》（日文版）的人，为了筹募刻经的费用，他像乞者一样沿门托钵。整整过了十年，他才筹足了资金，准备开版。

这时不巧宇治川的河水泛滥，带来严重的饥荒。铁眼不忍见灾民饥饿流离的惨状，他把要印经的所有资金全部用来拯救灾民。

饥荒过后，铁眼重新为印《大藏经》托钵募款。

经过数年，资金再度筹足。要开版之前，日本发生了全国性的传染病，铁眼又把所有的钱用以济助病苦的人。

流行病过后，铁眼第三度筹募印经的资金，又经过数年，终于把第一版日文《大藏经》印成，离他发愿印经的时间整整二十年。

到现在，铁眼版《大藏经》初版的雕版还完整地保存在京都的黄檗寺，被当成镇寺之宝。但是，铁眼不只刻这一套《大藏经》，他的前两套藏经无形无相，更感人，更深入人心。

铁眼禅师因珍惜众生的因缘，宁可延后《大藏经》的印刷，令人印象深刻。这点出了一个修行者对因缘的珍惜，在轻重缓急之间以大悲心作为抉择。

俗语说：“家家有本难念的经。”我常觉得，如果一个人念不懂家里的那一本经，他就很难懂得摆在墙上那些精装的经典了。因为世俗谛的因缘都不能珍惜，如何能珍惜第一义的因缘法呢？

铁眼禅师最伟大的启示是，世俗谛与第一义谛是无二无别的。

惜福与惜缘不只让我们的生活有味、生命有情，也可以让我们更深刻地认识“无常法”和“缘起法”。在无常中，有所创造，让福报永远活着；在缘起中，不忤逆一个众生，众缘和合，携手走向清净之路。

宋朝诗人朱熹和杨万里各有一首谈水的诗，我很喜欢。朱熹的诗是《观书有感》：

半亩方塘一鉴开，天光云影共徘徊。
问渠那得清如许，为有源头活水来。

杨万里的诗是《桂源铺》：

万山不许一溪奔，拦得溪声日夜喧。
到得前头山脚尽，堂堂溪水出前村。

我喜欢把这两首诗一起看。我们如果要寻得生命的清明，就要开发出源头的活水；一个有源头活水的人即使在生活中千磨万劫，也可以堂堂地奔出前村吧！一个发出菩提心的人就仿佛溪水或涌泉，将会超越生活的折磨，历经万般红尘劫，犹如凉风轻拂面。

一个发出菩提心的人，才会懂得真正的惜缘，甚至宝爱世间的每一滴心水。

每一点被珍惜的福报，每一滴被宝爱的清水，都将会永远留在这个世间。

我们能给世界的东西可能很少，就好像把一片茶叶丢入茶壶，一片茶叶看来那样细小，但整壶茶的茶水中都会有那片茶叶的滋味。

我们的生命如此短暂，犹如一片茶叶偶然落入壶中，一旦释放出了滋味的精华，就会失去了。

但为一个善念而奉献的人不必遗憾，正如一片落在壶中的茶叶不必忧伤，因我们生命的热力所散发的甘美之水，在人间永不失去。

是的，水，会永远活着。

生命会失去，价值会永存。

一味

茶味禅味，
一味万味，
味味一味，
喝时生其心，
饮后应无所住，
如是如是。

乌铁茶

有一位朋友，独自跑到木栅的茶区去经营茶园，并把这个茶园取名为“乌铁茶园”。

据说，他是接下了一个患病农民的茶园，原因是自己很想做出一些自己喜欢的茶，让自己喝了欢喜，朋友喝了也欢喜。

“你喜欢的茶是什么呢？”

“中国的两大名茶，一是乌龙，二是铁观音。乌龙清香，铁观音喉韵好，这两种茶是完全不同的。我在少年时代就常想，有没有可能使两味变成一味呢？就是融合乌龙和铁观音的优点，消除它们的缺点，所以把自己的茶园取名为‘乌铁茶园’。”

“使两味合成一味”，可能只是朋友的理想，但他在试验的过程中，却创造了许多滋味甚美的茶。由于有一个渴盼创造的心灵，他理想的茶虽未出现，但对于人生、对于茶已经有了全新的体验。

他说："当我心中有使乌龙与铁观音合一的愿望时，事实上那种茶已经完成了。虽然还没有做出来，但我相信总有一天会做出来的。"

我走在朋友种的井然有序的茶园，看到洁白的小茶花，不禁想起禅师所说的："家舍即在途中。"当一个人往理想愿望迈进的时候，每一步历程其实都与目标无异，离开历程，目标也就不存在了。

问题是，历程的体验与目标的抵达虽是一味，由于人自心的纷扰，它就变得百味杂陈了。

一味，不是生活里的柴米油盐，而是内心的会意。

一味，不是寻找一种优雅的生活，而是在散乱中自有坚持。在夏日，有凉爽的心；在冬天，有温暖的怀抱。

生命里的任何事都没有特别的意义，在平凡中找到真实的人，就会发现每一段每一刻都有尊贵的意义。

雀舌鹰爪

经营茶园的朋友，嫌现在的茶做得太粗，于是用手工采茶，用手工制茶，做出一种最好的茶，取名为"莲心茶"。

莲心茶只取茶最嫩的茶芽制成，一芽带两叶，卷曲有如莲子的心。

以茶芽制茶古已有之，《梦溪笔谈》说：“茶芽，古人谓之雀舌、麦颗，言其至嫩也。”《贡茶录》说：“茶芽有数品，最上曰小芽，如雀舌鹰爪，以其劲直纤挺，故号芽茶；次曰拣芽，乃一芽带一叶者，号一枪一旗；次曰中芽，乃一芽带两叶，号一枪两旗；共带三叶四叶者，皆渐老矣！”

莲心茶必须在春天、气候晴和的早上去采，这时茶树吸收了昨夜的雾气，茶芽初发，一芽一芽地拈下来。

朋友说，现在的农夫觉得这样采茶芽太费工了，不符合成本效益，使得雀舌鹰爪徒留其名，早已成为传说了。

“但是，最好的总要有人去做，纵使被看成傻子也是值得的。”朋友说。

是的，最好的总是要有人做，我为朋友那种真挚求好的态度感动了。

他每年只做几斤莲心茶，只卖给善饮茶的人，每人限购二两，他说：“最好的茶只给会喝的人，不能太多，太多就不会珍惜了。”

法也是一样吧！这个世间有许许多多的法，法味都不错，但最好的总要有人去做，即使被看成傻子也是值得的。

体会茶的心

不过，做茶也不能一厢情愿，而要体会茶的心。

朋友有一种很好的茶，叫“月光茶”，是在春天的夜间，用探照灯采的。他用探照灯在夜间采茶，曾被茶山的人看成是疯子。

他说：“有一天，天气很热，我自己泡一壶茶喝，觉得茶里面还带着暑气。心里想，如果在有露水的夜里采茶，茶在夜露的浸润下，茶树的心情一定很好，也就没有暑气了。”

想到就做，竟让他做出像月光茶这样的茶来，喝的时候仿佛看见月光下吐露着清凉的茶园，心胸为之一畅。想到冻顶乌龙之所以比乌龙好，那是因为终年生于云雾风霜的极冻之顶，好像能令人体会茶里那冰雪的心。

我们与茶互相体会，与人间的因缘也要互相体会。作为佛教徒的人时常会觉得高人一等，自以为是众生的母亲，但是反过来想，我们已经在轮回中受生无数次，一切众生必都曾是我的母亲。这些在过去世中无数无量曾呵护、照顾、体贴、关爱过我们的母亲哪！如今就在我的四周。

一切的众生为了生活，得忙碌地工作；一切众生为了呵护子女，要累积财富；以致他们没有时间全力修持佛法，但不能修持佛法的母亲还是我最亲爱的母亲哪！我愿她们都拥有最美好的事物，也愿她们一切幸福。

如是思维，心遂有了月光的温柔与清凉。

不可轻轻估量

朋友来看我，知道我喜欢喝茶，都会带茶来送我。因此就喝到了许多未曾想过的茶，像桂花茶、紫罗兰茶、菩提叶茶都还是普通的，有人送我决明子茶、芭乐叶心茶、荔枝红、柚子茶等，各种奇怪的加味茶。

今天，一位朋友带来一罐人参乌龙茶，听说是乌龙茶王加美国人参制成的，非常昂贵。

我说："如果是很好的乌龙，就不会做成人参乌龙茶；如果是最好的人参，也不必做成人参乌龙茶。所以，所谓人参乌龙茶，应该都是次级的人参与次等的乌龙制造的。"

朋友听了哈哈大笑。

我说，这是实情，因为最好的茶不必加味，凡是加味，都不是用最好的茶做的。

朋友是来告诉我，某地又出现一位新禅师，某地又出现一位新教主，某地又有一位宣称证得大圆满境界，由于是以神通经验来号召，信徒趋之若鹜。

他问我："你看这是真的，还是假的？"

我说："你管他是真是假，我们只要照管自己的心就好了。"

他又问："为什么台湾近年来每年都会出现这样的人呢？"

我说："你觉得呢？"

"我觉得是社会竞争太厉害了，有一些人循正常的道路奋斗，不可能成功，最快成功的方法是自称教主、祖师，证得某种境界。因为这既有名有利，也不需要时间，不需要本钱，只要会演戏就好了。而且群众也无法去做检验，就像我要和人做生意，总会先调查他的信用，过去的经验有迹可循，可是这社会上自称成就的人往往是无迹可循的。你认为我的看法怎样？”

“很好！”我说，“我还是觉得最好的茶是不用加味的，最好的法也是一味；对待加了许多味的法，与对待加了许多味的茶一样，要谨慎，不可轻轻估量！”

然后，我们泡了一壶人参乌龙茶喝，不出所料，既不是最好的茶叶，也不是最好的人参。

风格的芬芳

在南部六龟的深山里，有一种野生茶，近年已成为茶界乐道的茶。

野生茶听说已生长百余年的时间，是日据时代，或是清朝种在深山里而被人遗忘的茶树，由于多年未采摘，长到有一层楼高。

野生茶的神奇就在于每一株的茶味都不一样，有独特的风格。例如，一株有蜂蜜的味道，一株有牛乳的味道，一株有莲花香，这不是加味，是自然在茶叶中长成的。

因此，采野生茶的人要带许多小袋子，每一株树采的装一袋，烘焙时也要每一株分开，手工精制。这样费时费力做出来的茶，自然是价昂难求，有钱也买不到。

我在朋友家品尝野生茶，果然，每一株都很不一样。我最喜欢带有莲花香的那一株，喝的时候一直在寻思，为什么茶叶会自然长出莲花的香味呢？为什么会每一株茶的味道各自不同呢？

我想到，一株茶树在天地间成长壮大，在时空中屹立久了，自然会形成一种独特的风格。这风格既不会妨碍它做一株平常的茶树，但却有与一切茶树完全不同的芬芳。人也是如此，处于法味久了，自然形成风格，这风格不会使他异于常人，而是在人间散发不同的芳香。

寒天饮茶觉味永

与懂茶的人喝茶，有时候也挺累人。因为到后来，只是在谈对于茶的心得，很少真的用心喝茶，用的都是舌头。

有一天，一位素来被认为会喝茶的朋友来访，我边泡茶边说："今天我们可不可以完全不谈茶的心得，只喝茶？"

朋友呆住了，说："我光喝茶，不谈茶，会很难过的。"

我说："我们过于讲究茶道而喝茶，会忘记喝茶最根本的意义。喝茶第一是要解渴，第二是兴趣，第三是有好心情，第四是有好朋友来，对茶的研究反而是最末节的了。"

然后，我们坐下来，喝茶！

那时候觉得赵州的"吃茶去"讲得真好。

"雪夜观灯知风在，寒天饮茶知味永。"除了专心喝茶，我们并不做什么。喝了几盏茶之后，朋友说："今天真好，我现在知道茶不是用舌头喝的了。"

我想到，一位学生问法眼文益禅师："师父，什么是人生之道？"

他说：“第一是叫你去行，第二也是叫你去行。”

是的，什么是饮茶之道，第一是叫你去喝，第二也是叫你去喝。

什么是佛法之道，第一是叫你去实践，第二也是叫你去实践。

“有什么第三呢？”朋友说。

“有的，第三是叫你行过了放下！”

这金黄色的茶汤呀！这人生之河的苦汁呀！这中边皆甜的法味呀！

一味万味，味味一味。

喝时生其心，喝完时应无所住，如是如是。

达摩茶杯

在日本买了一个枣红色的杯子，外面的釉彩是绿色、蓝色、黄色绘成的达摩祖师像。在日本的达摩造型不像印度人，像是一个没有种族特征的孩子，圆墩墩的，带着无邪的笑意。

我不仅在茶杯上看见过这样的达摩，也在灯笼上看见过，在酒壶酒杯上看见过，甚至有许多被制成不倒翁与玩偶、面具。

达摩祖师几乎已经成为日本人的图腾，甚至彻底的日本化了，日本人大概是最崇拜达摩的民族了。在达摩的出生地印度，早已没有人知道达摩这一号人物。在达摩后半生游化的中国，虽然也敬仰达摩，但也没有到无所不在的地步。

我曾在台北的中山北路艺品店，看过许多达摩的画像；也曾在苗栗的三义乡，看过许多达摩的雕刻；大陆的石湾陶也有许多是为日本观光客做的。

不止达摩，像寒山、拾得画像的“和合二仙”在日本也很流行；像以布袋和尚为画像的，我们把他当成弥勒佛，在日本却是七福神，是民间祭祀的对象。

在日本，达摩祖师如此风行；在中国，为什么反而日渐被漠视呢？我们在禅风大起的时代，要如何来看待达摩祖师呢？

读过日本茶道书籍的人都知道，日本茶道开宗明义的第一章便与达摩祖师有关。传说，菩提达摩在少林寺面壁九年的时间，由于想追求无上觉悟心切，夜里不倒单，也不合眼，由于过度疲劳，沉重的眼皮撑不开，最后他毅然把眼皮撕下来，丢在地上。

就在达摩丢弃眼皮的地方，长出一簇叶子翠绿的矮树丛（树叶就像眼睛的形状，两边的锯齿像睫毛）。那些在达摩座下寻求开悟的徒弟，也面临眼皮撑不开的情景，有的徒弟就撕下一片又绿又亮的叶子咀嚼，顿时精神百倍。

于是，就把“达摩的眼皮”采下来咀嚼或泡水，产生一种奇妙的灵药，使他们可以更容易保持觉醒状态，这就是茶的来源。

这个传说之所以在日本流行，是因为日本人的武士道性格决然，会以“想睡觉了就把眼皮撕下来”来达到目的。可是中国的祖师是反对“吃时不肯吃，百般需索；睡时不肯睡，千般计较”的，主张“吃饭时吃饭，睡觉时睡觉”比较合乎禅的精神。

日本人认为达摩面壁九年，是在寻求无上正觉。从史实来看，达摩来中国时已经正觉，他是来寻找“一个不受人惑的人”，也就是来度化有缘的。少林寺的九年面壁，只不过是期待合适的弟子予以教化罢了。

因于“达摩的眼皮子”的传说，把达摩的像绘在茶壶茶杯上，给了我们一个觉醒的启示：喝茶不只在解除口舌上的热渴，而是要有一颗觉醒的心来解除人生烦恼的热渴。

达摩被我们视为“禅宗初祖”，但是他的名声虽大，他的思想却很少有人知道。根据学者的研究考证，达摩真正思想的所在，应该最接近后世流传的《二入四行论》。

“二入”是从两种地方进入禅悟：一是“理入”，就是要勤于教理的思维，认识教理，解除生命的盲点，然后才能舍伪归真；二是“行入”，就是以生命来实践，以佛的教义实际地履行，除去爱憎情欲，以进入禅法。

这就是“不受人惑”的入门呀！

以达摩祖师之教化，后世禅宗分为“贵见地不贵行履”，或“贵行履不贵见地”，实际上都有失达摩祖师教化，走入极端了。

见地是为了提升境界，实践是为了印证境界，前者是未登山顶而知道山顶有好风光，后者是一步一步地登山，一定要爬上山顶的时候，才能同时汇流，豁然贯通！

“四行”是体验修证佛道的四种具体的行法，即“报冤行”“随缘行”“无所求行”“称法行”。

“报冤行”是指我们所遇到的一切苦难，都是从前恶缘的汇集结果，故无所埋怨地承受。

“随缘行”是指我们所遇到的一切喜庆成就，乃是从前善缘的成果，故应无所执着不自满。

“无所求行”是指世人由于有所贪求，才会迷惑不安，如果能无所求，就能无所愿乐、万有皆空，安心无为，顺道而行。

“称法行”是明白本性清净才是究竟的法，所以在世间一切法上，无染无着、无此无彼，虽然自利利他，但是也能安住于空法。

达摩祖师的“二入四行”可以说是禅宗根本的理趣所在，

如果能从此进入，就可以安心于道了。达摩祖师曾对两位大弟子慧可、道育说了一段重要的话：

> 令如是安心，如是发行，如是顺物，如是方便，此是大乘安心之法，令无错谬。如是安心者，壁观。如是发行者，四行。如是顺物者，防护讥嫌。如是方便者，遣其不著。

达摩祖师的“二入四行”，简单地说，禅的修行是从“有意”超入“无心”，无心即是本性清净的意思。在本性清净的大原则下，一个人如果有多少执着，就含有多少束缚，减少束缚的方法，就是去化解执着——在见地上化解，在实践中化解，在行止里化解，到了解无可解、化无可化之境，心也就清净了。

一切生活中的事物，不都可用“二入四行”来给予直观吗？即使微细如喝茶这样的小事，在直观中，也能使我们身心提升到清净之处呀！

我喜欢日本茶道的四个最高境界，叫作“和敬清寂”，“和”是心存和平，“敬”是心存感恩，“清”是内在坦荡，“寂”是烦恼平息。

“和”是报冤行，即使是生命中最大的困顿，也能与之处于和谐的状态。

“敬”是随缘行，感恩那些使我能随顺生活的事物和人，有崇仰之想。

“清”是无所求行，是内心永远晴空万里，有亮丽的阳光，无所贪求和企图。

“寂”是称法行，是止息一切波动，安住于平静。

“和敬清寂”不是呆板的，而是活泼的，就像火炉里的木炭经过热烈的燃烧，保留了火的热暖，而不再有火的形貌。人在烦恼烈焰中亦如是，燃烧过后，和合相敬，清朗静寂，但不失去智慧的光芒与慈悲的温暖。

我在用达摩祖师的茶杯喝茶的时候，时常想起他的一首偈：

> 亦不观恶而生嫌，亦不观善而勤措，
> 亦不舍智而近愚，亦不抛迷而求悟。

试着译成白话：

> 不必看到坏的人事就生起嫌恶的心，
> 不必看到好的事功就生起企图的心，
> 不必舍弃智慧而去靠近愚痴的景况，
> 也不必抛弃散乱生活去追求悟的境界！

也就是说，如果手里有一杯茶，就好好地来喝一杯吧！品味手上的这一杯，不必管它是乌龙还是铁观音，不必管它是怎么来到我的手上。如果遇见人生的情境，不必管它是好是坏，怎么独独落在我的头上，就坦然地饮下这一杯苦汁或乐水吧！

如果还没有手上的茶，那么来煮一壶水，把水烧开了，抓一把茶叶，准备喝一杯吧！忙乱的生活如此燥热，没有清凉的茶无以消火解渴；烦恼的生命如此焦渴，缺少一杯法雨甘露，生命的长途就更郁闷难耐了。

我手上的达摩茶杯，很愿意借给有缘的人！

家家有明月清风

到台北近郊登山，在陡峭的石阶中途，看见一个不锈钢桶放在石头上，外面用红漆写着“奉水”两字，桶耳上挂了两个塑胶茶杯，一红一绿。在炎热的天气里喝了清凉的水，让人在清凉里感觉到人的温情。这桶水是由某一个居住在这城市里的陌生人所提供的，他每天清晨太阳未升起时就抬这么重的一桶水来，那细致的用心是颇能体会到的。

在烟尘滚滚的尘世，人人把时间看得非常重要，因为时间就是金钱，几乎到了没人愿意为别人牺牲一点点时间的地步。即使是要好的朋友，如果没有重要的事也很难约集。但是，当我在喝“奉水”的时候，想到有人在这上面花了时间与心思，牺牲自己的力气，就觉得在忙碌转动的世界，仍然有从容活着的人。他们为自己的想法去实践某些奉献的真理，这就是“滔滔人世里，不受人惑的人”。

这使我想起童年住在乡村，在行人路过的路口，或者偏僻的荒村，都时常看到一只大茶壶，上面写着“奉茶”，有时还特别钉一个木架子把茶壶供奉起来。我每次路过“奉茶”，不管是不是口渴，总会灌一大杯凉茶，再继续前行，到现在我都记得喝茶的竹筒子，里面似乎还有竹林的清香。

我稍稍懂事的时候，看到了“奉茶”，总会情不自禁地想起乡下土地公庙的样子，感觉应该把放置“奉茶”者的心供奉起来，让人瞻仰。他们就是自己土地上的土地公，对土地与人民有一种无言无私之爱。这是“凡劳苦担重担的人，都到我这里来，我必使他得清凉”的胸怀。我想，有时候人活在这个人世，没有留下任何名姓也不是什么要紧的事，只要对生命与土地有过真正的关怀与付出，就算尽了人的责任。

很久没有看见“奉茶”了，因此在台北郊区看到“奉水”时竟低回良久。到底，不管是茶是水，在乡在城，其中都有人情的温热。山道一边微不足道的凉水，使我在爬山的道途中有了很好的心情，并且感觉到不是那么寂寞了。

到了山顶，没想到平台上也有一桶完全相同的钢桶，这时写的不是“奉水”，而是“奉茶”，两个塑胶茶杯，一黄一蓝，我倒了一杯来喝，发现茶是滚热的。于是，我站在山顶俯视烟尘飞扬的大地，感觉那准备这两桶茶水的人简直是一位禅师了。在完全相同的桶里，一冷一热，一茶一水，连杯子都配得刚好，这里面到底是隐藏着怎样的一颗心呢？

我一直认为，不管时代如何改变，在时代里总会有一些卓然的人，就好像山林无论如何变化，在山林中总会有一些清越的鸟声一样。同样的，人人都会在时间里变化，最常见的变化是从充满诗情画意逍遥的心灵，变成平凡庸俗而无可奈何，从对人情时序的敏感，成为对一切事物无感。我们在股票号子里（这号子取名真好，有点儿像古代的厕所）看见许多瞪着看板的眼睛，那曾经是看云、看山、看水的眼睛；我们看签六合彩的双手，那曾经是写过情书与诗歌的手；我们看为钱财烦恼奔波的双脚，那曾经是在海边与原野散过步的脚。我们的眼、耳、鼻、舌、身、意看起来仍然与二十年前无异。可是在本质上，有时中夜照镜，已经完全看不出它们的联结，那理想主义的、追求完美的、每一个毛孔都充满光彩的我，究竟何在呢？

清朝诗人张灿有一首短诗："书画琴棋诗酒花，当年件件不离他。而今七事都更变，柴米油盐酱醋茶。"这首诗很能表达一般人在时空中流转的变化，从"书画琴棋诗酒花"到"柴米油盐酱醋茶"，人的心灵必然是经过了一番极大的动荡与革命，只是凡人常不自觉自省，任庸俗转动罢了。其实，有伟大抱负的人物也不能免俗。梁启超有一首《水调歌头》，我特别喜欢，其后半阕是："千金剑，万言策，两蹉跎。醉中呵壁自语，醒后一滂沱。不恨年华去也，只恐少年心事，强半为消磨。愿替众生病，稽首礼维摩。"我自己的心境很接近梁任公的这首词，人生的际遇不怕年华老去，怕的是少年心事的"消磨"，到最后只有"醒后一滂沱"了。

在人生道上，大部分有为的青年都想为社会、为世界、为人类"奉茶"，只可惜到后来大半的人都回到自己家里喝老人茶了。还有一些人，连喝老人茶自遣都没有兴致了，到中年还能有"奉茶"的心，是非常难得的。

有人问我，这个社会最缺的是什么东西？

我认为最缺的是两种：一是从容，二是有情。这两种品质是大国民的品质，但由于我们缺少从容，因此很难见到步履雍容、识见高远的人；因为缺少有情，则很难看见乾坤朗朗、情趣盎然的人。

社会学家把社会分为青年社会、中年社会、老年社会。青年社会有的是热情，老年社会有的是从容。我们正好是中年社会，有的是务实，务实不是不好，但若没有从容的生活态度与有情的怀抱，务实到最后正好是柴米油盐酱醋茶，牺牲了书画琴棋诗酒花。一个彻底务实的人正是死了一半的俗人，一个只知道名利实务的社会，则是僵化的庸俗社会。

在《大珠禅师语录》里记录了禅师与一位讲《华严经》座主的对话，可以让我们看见有情、从容的心是多么重要。

座主问大珠慧海禅师："禅师信无情是佛否？"

大珠回答说："不信。若无情是佛者，活人应不如死人；死驴死狗，亦应胜于活人。经云：'佛身者，即法身也，从戒定慧生，从三明六通生，从一切善法生。若说无情是佛者，大德如今便死，应作佛去。'"

这说明禅的心是有情，而不是无知无感的，用到我们实际的人生也是如此。一个有情的人虽不能如无情者用那么多的时间来经营实利（因为情感是要付出时间的），可是一个人如果随着冷漠的环境而使自己的心也沉滞，则绝对不是人生之福。

人生的幸福在很多时候是得自于看起来无甚意义的事，例如某些对情爱与知友的缅怀，例如有人突然给了我们一杯清茶，例如在小路上突然听见了冰果店里传来一段喜欢的乐曲，例如在书上读到了一首动人的诗歌，例如听见桑间濮上的老妇说了一段充满启示的话语，例如偶然看见一朵酢浆花的开放……总地说来，人生的幸福来自于自我心扉的突然洞开，有如在阴云中突然阳光显露、彩虹当空。这些看来平淡无奇的东西，是在一株草中看见了琼楼玉宇，是由于心中有一座有情的宝殿。

“心扉的突然洞开”，是来自于从容，来自于有情。

生命的整个过程是连续而没有断灭的，因而年纪的增长等于是生活资料的累积，到了中年的人，往往生活就纠结成一团乱麻了。许多人畏惧这样的乱麻，就拿黄金酒色来压制，企图用物质的追求来麻醉精神的僵滞，以至于心灵的安宁和融都展现成为物质的累积。

其实，可以不必如此。如果能有较从容的心情，较有情的胸襟，则能把乱麻的线路抽出、厘清，看清我们是如何地失落了青年时代对理想的追求，看清我们是在什么动机里开始物质权位的奔逐。然后想一想：什么是我要的幸福呢？我最初所向往的幸福是什么？我的波动的心为何不再震荡了呢？我是怎样落入现在这个古井的呢？

我时常想起童年时代，那时社会普遍贫穷，可是大部分人都有丰富的人情，人与人之间充满了关怀，人情义理也不曾被贫苦生活所昧却，乡间小路的“奉茶”正是人情义理最好的象征。记得我的父亲常挂在嘴上的一句话是：“人活着，要像个人！”当时我不懂这句话的含义，现在才算比较了解其中的玄机。人生活条件即使只能像动物那样，也不应该活得如动物失去人的有情、从容、温柔与尊严。在中国历代的忧患悲苦之中，中国人之所以没有失去特质，实在是来自这个简单的意念：“人活着，要像个人！”

人的贫穷不是来自生活的困顿，而是来自在贫穷生活中失去人的尊严；人的富有也不是来自财富的累积，而是来自在富裕生活里不失去人的有情。人的富有实则是人心灵中某些高贵特质的展现。

家家都有清风明月，失去了清风明月才是最可悲的！

喝过了热乎乎的“奉茶”，我信步走入林间，看到在落叶层缝中有许多美丽的褐色叶片，拾起来一看，原来是褐蝶的双翼因死亡而落失在叶中。看到蝴蝶的翼片与落叶交杂，感觉到蝴蝶结束了一季的生命其实与树叶无异。尘归尘，土归土，有一天都要在世界里随风逝去。

人的身体与蝴蝶的双翼又有什么两样呢？如果在活着的时候不能自由飞翔，展现这片赤诚的身心，成为宇宙众生迈向幸福的阶梯，反而成为庸俗人类物质化的踏板，则人生就失去其意义，空到人间一回了！

下山的时候，我想：让我恒久保有对人间有情的胸怀，以及一直保持生活从容的步履；让我永远做一个为众生奉茶供水，在热恼中得到清凉的人。

林清玄

小传

林清玄，1953 年 2 月 26 日出生于中国台湾高雄县一个世代务农的家庭。祖籍福建漳州，先祖于明朝末年移居台湾，到林清玄这一代是林家移居台湾的第十三代。

其父亲林后发，在林氏家族里排行老幺，上有两个哥哥、五个姐姐。日据时期，三兄弟一起被征召到南洋（注：清末至民国时，称江苏、浙江、福建、广东等沿海各省为南洋；称江苏以北沿海各省为北洋）打仗，八年后只有他一个人活着回到家乡。回乡后，林后发便立即接管了两位兄长留下的十三个遗孤，一肩挑起了照顾家族幼小的重任。

后与同乡潘秀英结婚，两人生养了五个孩子，加上兄长遗留下的十三个孩子，林后发夫妇总共要养育十八个孩子。

林清玄排行十二，因家贫，自晓事以来就下田劳动，上学前要喂完三千只鸡，放学后要到山上割草，喂五头牛。无日无夜，没有假日，也没有娱乐。唯一的快乐是到处借书来看，有一天，他突发奇想：“这么多人爱看书，我是不是也来写一本书给别人看呢？”于是，立志要成为作家，那年林清玄只有八岁。

为了成为作家，他日不释卷，书不离手，在田埂上，在牛背上，一有时间就静心读书，自此养成了一生读书的习惯：

1. 每天一定要读书才觉得没有白活。

2. 每天一定要读到有所感悟才去睡觉。

由于家贫，留在家乡没有发展空间，经济来源非常有限，林家兄姊都是在很年轻的时候就出外谋生。林清玄十四岁那年也离家到远方求学。离家前，妈妈送给他一个玻璃瓶，里面装着黑色的东西。妈妈说：“这是我们闽南人的习俗，离开家一定要带三样事物，一是家里田园的泥土，二是老家古井的井水，三是拜祖先香炉中的香灰。离家一定会水土不服，因为带着故乡的水土，到任何地方都是我们的家乡，就不会水土不服了。”

从此，他远离家园。

十四岁至十八岁，林清玄住在台南，在傍海的瀛海中学读高中，从学校跑到海边只要半个小时。台南是中国台湾最早的都城，文化活动丰富，海边则是开阔无垠，在时空的感受上让林清玄得到了深刻的启发！

林清玄一边求学一边写作，以投稿赚取生活费，没钱生活时，常帮渔民出海捕鱼、种蚵，甚至帮人在码头搬货，在屠宰场杀猪。十七岁时，正式在当时影响力颇大的报纸上发表《行游札记十帖》，连载十天的头条，一时轰动，得到三千元台币稿费。当时一个月的生活费只要三百元台币，由此确立了他要当作家的志向。

为了把文章写得更好，他坚持每天写一千字，从不终止，在各报纸杂志投稿，从此靠稿费生活，不再四处打零工、做苦役。

后来，林清玄考上世新大学电影系，到台北学习，受教于宋存寿、丁善玺、陈耀圻等大导演，眼界大开；先后创办《电影学报》并任社长，创办《奔流杂志》任总编辑；创办《新闻人周报》任总主笔。在大学期间，林清玄非常活跃，为了宣扬理念、募款，曾四处演讲，奠定了他善于演讲的基础。

二十岁时，他出版了自己的第一本书《阳光已唱千千遍》，二十一岁出版第二本书《莲花开落》，二十二岁出版第三本书《稚鸟啼》。从此，林清玄年年都有新作出版。

大学毕业后，林清玄服兵役两年，在军中接到三张高薪聘书，他选择了当时最能引领风潮的台湾《中国时报》任职，第一份工作是台湾《中国时报》（海外版）记者。从此，记者、主任、撰述、主笔、总编，共任职报社十年。

林清玄离开报社后，进入台湾中华电视台任企划部主管，主持电视台《生活笔记》节目，并主持中国广播公司（当时中国台湾最大的电台）的带状节目《林清玄时间》。

林清玄写作持续最高产的时候曾在报纸杂志一共开有十八个专栏，每个月出版一本书。

三十二岁时，林清玄因厌倦了传播界的工作而辞去一切工作，遁入大溪山上闭关。打坐，读佛经，过午不食，足足有三年的时间，直到觉悟“佛经这么好，知道的人那么少，我应该来写一些自己对佛经的真实体会的东西”。

于是，林清玄下山，开始写作“菩提系列”和“现代佛典系列”，并四处演讲，创下了一年三百场演讲的纪录。“演讲系列”后来整理成书，包括《身心安顿》《烦恼平息》《在苍茫中点灯》《以有情觉有情》《心海的消息》《清净心看世界》《欢喜心过生活》《平常心有情味》《柔软心无黑碍》《三心一意》等等。

林清玄凡有所作，皆成风潮，销量一再创造出版纪录，“菩提系列”和“身心安顿系列”均印行千版以上，林清玄连续十年位居台湾“十大畅销作家”的前列，其中三年位居榜首。

由于演讲邀约太多，已超过身心负荷，四十二岁时林清玄再度闭关一年，准备有声书系列的出版，经过两年时间的筹备、录制，推出有声书《打开心内的门窗》，累积销售达四百万册。两年后，推出《走向光明的所在》有声书，再度热销，引领了台湾有声书的风潮。

正当读者把林清玄捧上云端的时候，他遇上了这一生最确定的、最绝对的、“相约而再来的人”——方淳珍，于是结束了第一段婚姻，与方淳珍结婚，此消息一度成为台湾最热门的头条。

面对各种舆论，林清玄不发一语，埋首著书，撰写了《真正的爱》《生命中的龙卷风》《飞越沙漠的河》三本书来回答读者的疑惑。

为了这段爱情，他盖了“清淳斋”来见证清玄和淳珍的爱情，还为孩子写了《以爱为灯》《以美为光》的寓言，以及儿童绘本。

他成立了“林清玄教育文化基金会”，在中国大陆盖希望小学，在台湾捐建图书馆。

为了播种文学的种子，二十年来林清玄在世界各地巡回演讲，光是中国大陆就走过二百多个城市，足迹所到之处，无不轰动。

林清玄写作生涯已超过四十年，出书一百六十余部，作品被许多国家选入华语课本。在中国大陆就有《与时间赛跑》《桃花心木》《鞋匠的儿子》《百合花开》被选入小学语文课本，每年中考还有以他的文章作为考题的，其中《阳光的味道》更因为曾被选为高考考题而轰动一时。

林清玄在三十岁前就已得遍中国台湾重要的文学奖项，被誉为“天生的作家”，更被国际青商会颁赠“全球华人文艺薪传奖”，以表彰他在文学领域的不懈努力与杰出成就。

图书在版编目（CIP）数据

平常茶　非常道 / 林清玄著. -- 2版. -- 石家庄 ：河北教育出版社，2015.6（2019.3重印）
ISBN 978-7-5545-0999-9

Ⅰ. ①平… Ⅱ. ①林… Ⅲ. ①散文集－中国－当代 Ⅳ. ① I267

中国版本图书馆CIP数据核字(2015)第099036号

冀图登字：03-2012-118

书　　名　平常茶　非常道
作　　者　林清玄
责任编辑　张翠改　高群英
美术编辑　牛亚勋
装帧设计　所以设计馆

出　　版　河北出版传媒集团
　　　　　河北教育出版社　www.hbep.com
　　　　　（石家庄市联盟路705号　050061）
发　　行　北京启发世纪图书有限责任公司
印　　刷　盛通（廊坊）出版物印刷有限公司
开　　本　880毫米×1230毫米　1/32
印　　张　9.5
字　　数　130千字
印　　数　15001－20000
版　　次　2015年7月第2版
印　　次　2019年3月第4次印刷
书　　号　ISBN 978-7-5545-0999-9
定　　价　34.80元

如有印装质量问题请与印刷厂调换　电话：010-52249888
发行电话：010-59307688